Coleção Instant

Gerenciamento do Estresse

Traga Calma para sua Vida **já!**

Tradução
Teresa Cristina Padilha

Mantenha o Controle
Relaxe
Seja Objetivo

Coleção
Instant

Gerenciamento do Estresse

Traga Calma
para sua Vida

Brian Clegg

Copyright © 2000 by Brian Clegg

Tradução autorizada do original em inglês Instant Stress Management, publicado pela Kogan Page Limited.
Todos os direitos reservados.

Copyright © 2002 by Qualitymark Editora Ltda.

Todos os direitos desta edição reservados à Qualitymark Editora Ltda.
É proibida a duplicação ou reprodução deste volume, ou parte do mesmo, sob quaisquer meios, sem autorização expressa da Editora.

Direção Editorial	Produção Editorial
SAIDUL RAHMAN MAHOMED	EQUIPE QUALITYMARK
editor@qualitymark.com.br	
Capa	Editoração Eletrônica
WILSON COTRIM	NÚCLEO DO TEXTO

CIP-Brasil. Catalogação-na-fonte
Sindicato Nacional dos Editores de Livros, RJ

C561g

Clegg, Brian
    Gerenciamento do estresse : traga calma para sua vida já! / Brian Clegg ; tradução de Teresa Cristina Padilha. – Rio de Janeiro : Qualitymark, 2002
    232p. : . – (Instant ; v. 5)

ISBN 85-7303-360-6

1. Gerenciamento do stress. 2. Stress (Psicologia). I. Título. II. Série.

02-1025.
                                            CDD 155.9042
                                            CDU 159.91

2002

IMPRESSO NO BRASIL

Qualitymark Editora Ltda.
Rua Teixeira Júnior, 441
São Cristóvão
20921-400 – Rio de Janeiro – RJ
Tel.: (0XX21) 3860-8422

Fax: (0XX21) 3860-8424
www.qualitymark.com.br
E-Mail: quality@qualitymark.com.br
QualityPhone: 0800-263311

*Para meus filhos,
que são experts tanto em causar como
em expulsar o estresse.*

SUMÁRIO

1 ESTRESSE – O QUE SIGNIFICA TODA ESSA CONFUSÃO?

Gerenciamento do Estresse	3
O que é o Estresse	4
O Cérebro em Ação	4
Precisamos do Estresse	5
O Estresse em Excesso	6
Fazendo Algo a Respeito	7

2 FATORES DE ESTRESSE — 9

De Onde Vem o Estresse	11
Fatores Internos de Estresse	12
Fatores Externos de Estresse	13
Por Que Eu?	13
Assuntos Médicos	14

3 CONTROLE DO ESTRESSE — 15

Controle e Alívio	17
Controle Físico	17
Controle Emocional	18
Controle Espiritual	19
Defesas Contra o Estresse	20

Mantendo o Equilíbrio 21
Este Livro 21

4 EXERCÍCIOS 1 – AVALIANDO 23

4.1 Disfunções de controle 25
4.2 A grande coisa 27
4.3 Como você reage? 29
4.4 Diário de emoções 31
4.5 Verificações físicas 33
4.6 Verificações emocionais e espirituais 34
4.7 Deprimido? 36
4.8 Loteria da vida 38
4.9 Mais que tangível 40
4.10 Você é determinado? 42

5 EXERCÍCIOS 2 – SAINDO DO ESTRESSE 45

5.1 Pequenos sucessos 47
5.2 Lidando com o confronto 49
5.3 Não se isole 51
5.4 Guarde idéias 53
5.5 Resolvendo o estresse 55
5.6 Coisas do ambiente 57
5.7 Ria! 59
5.8 Descarregando 61
5.9 Você é aquilo que você come 63
5.10 Intervalos 65
5.11 Fúria 67
5.12 Sentindo-cheirando 69
5.13 Ritual de relaxamento 71
5.14 Meu mentor 73
5.15 Medo do palco 75
5.16 Empurrando ondas 77

5.17	Respirar é bom para você	79
5.18	Viagem com baixo estresse	81
5.19	É bom conversar	83
5.20	Tapinha nas costas	85
5.21	Não faça isso	87
5.22	Leituras medicinais	89
5.23	Mal-humorados	91
5.24	Atingindo o objetivo	93
5.25	Escute bem	95
5.26	O inferno do transporte	97
5.27	Brinque!	99
5.28	Relaxando através dos números	101
5.29	Eu concordo	103
5.30	Você não pode carregá-lo consigo	105
5.31	Vida no café-bar	107
5.32	Fuja	109
5.33	O caminho espiritual	111
5.34	Rebatendo a burocracia	113
5.35	Porque eu mereço	115
5.36	Despache por e-mail	117
5.37	Caminhadas!	119
5.38	Compartilhando tarefas	121
5.39	Durma!	123
5.40	Eu fiz isso	125
5.41	Disco arranhado	127
5.42	Discussão coerente	129
5.43	A música acalma o peito selvagem	131
5.44	Refúgio para proteger-se	133
5.45	A solução através de animais de estimação	135
5.46	A vida, o universo e todas as coisas	137
5.47	Justiça	139
5.48	Libertação natural	141
5.49	Sobrecarga de informações	143
5.50	Honestidade	145
5.51	Valores diferentes	147
5.52	Estimulantes não prestam	149
5.53	A falta de notícias é boa notícia	151
5.54	O jogo da organização do tempo	153

5.55	Decepções	155
5.56	Gentilezas com efeito bumerangue	157
5.57	Filhos	159
5.58	Meditação	161
5.59	Pareto	163
5.60	Fora, tirania!	165
5.61	Mimos	167
5.62	Lidando com mudanças	169
5.63	Exercícios integrais	171
5.64	Ficar sozinho	173
5.65	Tratando a questão dos medicamentos	175
5.66	Controle sobre o telefone	177
5.67	Deixe a luz do sol entrar	179
5.68	Vestuário descontraído	181
5.69	Deixe-se levar pelo fluxo	183
5.70	Metade cheio ou metade vazio	185

6 MAIS GERENCIAMENTO DO ESTRESSE   187

Descobrindo Mais   189
Livros   189
Música   193
On-line   195

APÊNDICE: O SELECIONADOR   197

O Selecionador Aleatório   199
Técnicas em Ordem de Quantidade de Tempo   201
Técnicas em Ordem de Freqüência   204
Técnicas em Ordem de Controle Físico   207
Técnicas em Ordem de Controle
 Emocional/Espiritual   210
Técnicas em Ordem de Defesa   213
Técnicas em Ordem de Divertimento   216

Estresse – O que Significa Toda Essa Confusão?

GERENCIAMENTO DO ESTRESSE

O estresse é reconhecidamente um matador e um dos principais colaboradores para enfermidades no ambiente de trabalho. As empresas estão preocupadas com o estresse em função da redução na eficiência; as pessoas podem achar que o impacto do estresse afeta negativamente sua saúde e felicidade. No entanto, o estresse é um fenômeno complexo. Não pode ser tratado como uma coisa simples. Todos nós precisamos de um nível de estresse que nos conduza ao êxito. Nem a falta total de estresse nem o estresse em excesso são bons para você.

O ideal é ser capaz de entender sua resposta ao estresse e possuir um armadura de técnicas para suprimir o estresse, além de defesas contra o estresse que sejam empregadas quando a parada se torna dura. O modelo "Imediato" é ideal para este tópico – sofrer de estresse geralmente significa que existe uma pressão do tempo. A capacidade de adotar um método gradativo para o gerenciamento do estresse, que ajude a modificar seu comportamento em relação à vida sem que se torne uma tarefa irritante, é bastante atraente. O gerenciamento do estresse também é prejudicado pelo fato de ser associado, em alguns pontos, com estilos de vida alternativos e conceitos fora da realidade, de modo que ao posicionar o gerenciamento do estresse em uma série realista, como é o caso dos Imediatos, espero mostrar que pode ser uma proposta simples, do tipo comercial.

Da mesma forma que outros livros da série, *Gerenciamento do Estresse* é composto de mais de 70 exercícios, a maioria durando entre cinco a vinte minutos, que podem ser utilizados para controlar o estresse. Há também uma seção mais curta de exercícios que ajudam a avaliar o quanto você está em estresse e de onde vem esse estresse. Cada exercício possui uma classificação por número de estrelas mostrando a utilidade específica como controle físico, controle emocional e espiritual, e mecanismos de defesa, além de uma classificação para divertimento.

O QUE É O ESTRESSE

O problema com o estresse é que não se trata de uma questão de certo ou errado. Fomos condicionados a ver o estresse como puramente negativo em função de *slogans* populares como "o estresse mata". Todavia, você não pode viver um *slogan* – e, neste caso, você não desejaria fazê-lo. O estresse é o impacto de uma exigência sobre um ser humano. A origem pode ser externa ou interna. A exigência pode ser positiva ou negativa. Afirmativamente, não existe vida, em absoluto, sem estresse.

No nível físico, possuímos um entendimento consideravelmente bom do que significa o estresse. Quando a mente percebe uma exigência de um esforço vigoroso, induz à liberação de vários hormônios oriundos de glândulas de todo o organismo. Esses agentes ativos, como a adrenalina, antiadrenalina e corticóides, preparam o corpo para ação. Os músculos se tornam tensos, o coração bate mais rápido e o abastecimento de sangue concentra-se onde se faz necessário, deslocando-se das áreas de "baixa necessidade" como a digestão e a pele. Tudo isso é planejado de modo a fornecer uma onda de energia para fazer com que você reaja apropriadamente ao desafio: lute ou fuja. Para sobreviver.

O CÉREBRO EM AÇÃO

O estresse é sempre um equilíbrio entre o físico e o mental. Possuir um entendimento básico sobre a atividade do cérebro ajuda a compreender o estresse. A atividade elétrica do cérebro foi classificada por psicólogos em quarto categorias distintas. Elas são especificadas na seqüência relativamente primitiva de delta (0-3 atividades por segundo), teta (3-7 atividades por segundo), alfa (7-14 atividades por segundo) e beta (14-28 atividades por segundo).

No estado delta, o cérebro quase não se encontra em atividade. Refere-se ao sono profundo, quando o corpo parece estar passando por atividade de reparo físico. Teta é o estado no qual ocorre o movimento rápido de olhos durante o sono – a condição necessária para sonhar. Supõe-se que isso aconteça quando o cérebro está reorganizando suas informações para uma utilização mais eficiente. Alfa e beta são estados de vigília. Alfa não possui um foco – é quando você está sonhando acordado ou fazendo imaginações. Alfa é o estado criativo. Beta, por outro lado, possui um foco. É o estado para o qual você se transfere para realizar as coisas, para executar um plano.

A importância de tudo isso para o estresse é que encontrar-se em um estado mental muito elevado para uma ação desejada é um fator que causa estresse. Ao extremo, à medida que sua atividade mental se torna mais rápida, pode acabar se tornando esgotada, incapaz de tomar decisões ou solucionar problemas. Isto é agravado ainda mais pelo fato de ser mais fácil avançar para um determinado estado do que retroceder dele; daí a necessidade de técnicas de alívio do estresse que nos ajudem a retroceder, de maneira controlada, de um determinado estado.

PRECISAMOS DO ESTRESSE

O estresse possui uma função importante. Há ocasiões nas quais é uma autêntica ajuda para a sobrevivência – escapar de um prédio em chamas ou de um ataque. Mais freqüentemente, é um impulsionador para que obtenhamos aquele algo mais. Você pode ser um atleta ou um ator, um gerente realizando uma apresentação de negócios ou um franco atirador. Em qualquer um desses papéis, o estresse pode fazer toda a diferença. Qualquer pessoa que já tenha subido ao palco conhece muito bem aquela sensação na boca do estômago que diz "Por que raios estou aqui?" Porém, sem aquele estresse não haveria o grandioso retorno que faz com que tudo valha a pena.

O estresse positivo é o combustível que nos leva além do lugar comum. O simples conceito de ser "conduzido" implica um tipo de estresse. Sem nenhum estresse, a vida seria reduzida ao nível de um animal pastando, tendo tudo o que lhe seja necessário à sua volta.

O ESTRESSE EM EXCESSO

Se as coisas fossem simples demais, o gerenciamento do estresse serviria apenas para obter mais estresse, porém há um preço a pagar que significa que a maioria de nós sofre de estresse em demasia ao invés de ter carência de estresse. Existem dois fatores que contribuem para isso. Um deles refere-se à crescente complexidade e ao crescente ritmo de vida. Nosso corpo foi projetado para o estresse como um caso especial, porém a freqüência excessiva acaba sendo o normal. O outro problema refere-se à natureza dos fatores de estresse. Quando temos um crescimento acelerado no nível de adrenalina e outros hormônios, na maioria das vezes não fazemos nada para fazer uso dessas alterações em nosso corpo. A exigência não é lutar ou fugir – temos apenas que relaxar e aproveitar. Isto acontece com tipos de estresse tão díspares como dirigir e educar crianças.

Exemplos isolados desses tipos de estresse não representam um grande problema. A combinação do estresse sem uma resposta física e a exposição freqüente, quase constante, a ele é que causam o verdadeiro dano. Alguém que esteja constantemente à beira do estresse pode facilmente ser levado a uma reação exagerada – a fúria no trânsito é um exemplo clássico – em função de incidentes triviais. Além disso, o organismo simplesmente não é projetado para atividades de longo prazo aceleradas pelo estresse. Sem uma válvula de escape, o resultado pode ser o crescente risco de males do coração e outras enfermidades.

O impacto desse estresse tão prejudicial difere radicalmente de indivíduo para indivíduo. Alguns de nós temos uma reação mais relaxada em relação à vida; outros perdem a cabeça diante da menor provocação. Tanto quanto a nossa predisposição ou contraposição para reagir ao estresse, nossa maneira de enfrentar a vida pode ter um efeito significativo. Pesquisas no *Civil Service* (Serviço Público) mostraram que existe uma forte correlação entre níveis de estresse e graus de autodeterminação. Servidores públicos de nível superior, que possuem pleno controle sobre aquilo que estão realizando no dia-a-dia, possuem um nível de doenças relacionadas ao estresse bem menor do que faxineiros e outros operários cujo dia de trabalho é pré-programado.

FAZENDO ALGO A RESPEITO

É normal perguntar se existe algo que possamos efetivamente fazer em relação ao problema referente ao estresse, ou se, como a morte, é melhor aceitarmos por tratar-se de uma certeza. Existem limites para o quanto você pode alterar sua personalidade, no sentido de reduzir sua reação negativa ao estresse. No entanto, ainda existe muito a ser feito. Por exemplo, os estudos que demonstraram que o estresse está relacionado a um nível de autodeterminação explicam a ligação em termos de comportamento. Se você tiver uma postura positiva, auxiliada pelo controle, você estará menos propenso a sofrer fortemente de estresse do que se você tiver uma postura negativa, sempre encontrando algo de errado e nunca estando satisfeito com a situação.

Também é necessário ter em mente que o objetivo do gerenciamento do estresse não é eliminar totalmente o estresse. O bom estresse, que lhe dá o impulso quando você necessita, é algo que você sempre desejará; é o estresse negativo que precisa ser controlado. Isto pode ser abordado de diversas formas. Você pode se defender dos fatores de estresse, impedindo que cheguem até você. Você pode se contrapor aos efeitos do estresse fisicamente, utilizando exercícios ou medicamentos para se defender contra o ataque. Ou então, você pode recorrer ao alívio emocional e espiritual, trazendo calma para seu interior, o que resulta em menor probabilidade de desenvolver uma reação negativa gerada pelo estresse.

Este livro não consegue fornecer todas as respostas. Em algumas circunstâncias, será necessário buscar ajuda profissional, ou examinar as outras pessoas, para lidar com o seu estresse. Todavia, *Gerenciamento do Estresse* lhe fornecerá um conjunto de ferramentas antiestresse para ajudar na maior parte das circunstâncias.

Fatores de Estresse

DE ONDE VEM O ESTRESSE

Quando estamos gerenciando o estresse, é bom saber de onde ele está vindo. Para qualquer indivíduo, pode existir uma variedade de causas, algumas muito pessoais, algumas comuns a todos nós. Se você analisar um dia comum, poderá ver um conjunto de clássicos indutores do estresse:

- Um barulho estridente de seu despertador acorda você.
- Você está cansado porque ficou acordado até tarde na noite passada.
- Você está preocupado com a entrevista sobre sua promoção esta tarde.
- Seus filhos pedem sua atenção quando você está com pressa para aprontar-se para o trabalho.
- Você está atrasado.
- O trânsito intenso faz com que você se atrase ainda mais.
- Maus motoristas cortam e atrasam você.
- O computador não está funcionando bem novamente.
- Quando você liga pedindo conserto, fica preso em uma fila ouvindo uma gravação.

... e assim por diante.

Fatores de estresse estão atacando você de todos os lados – e de dentro para fora. Os exercícios em *Gerenciamento do Estresse* fornecerão a você as ferramentas para lidar com o estresse em si mesmo e nos outros e irão examinar algumas das causas mais comuns do estresse. De maneira geral, os exercícios enfatizam as pequenas e freqüentes causas de estresse, uma vez que são geralmente as que ignoramos como sendo um perigo. Todos estão conscientes do impacto de estresse de uma morte na família ou de uma mudança de casa. Existe uma maior necessidade de destacar alguns dos fatores mais fracos de estresse, que continuamente desgastam nosso equilíbrio mental.

FATORES INTERNOS DE ESTRESSE

Seria bom culpar a "eles" por todo o nosso estresse. Se eles apenas me deixassem em paz para seguir adiante, tudo ficaria bem. Infelizmente, isto não é verdade. Um volume considerável do estresse negativo vem de dentro para fora. Isto pode funcionar em um nível prático simples. Sua capacidade de ter controle sobre seu tempo pode possuir um impacto significativo sobre o estresse. O gerenciamento do tempo pode parecer uma atividade mecânica trabalhosa, porém ter o seu tempo organizado para que você possa ter mais espaço para as coisas que realmente deseja fazer é um importante aliado para o gerenciamento do estresse.

Igualmente importante é todo um misto de confusões emocionais que podem vir à tona em qualquer um de nós. Uma vez que nosso lado emocional encontra-se além do controle consciente, ele pode ser uma das principais causas do estresse. Seus sentimentos podem levá-lo ao estresse quando você já se encontra muito distante das causas originais do estresse. Você pode começar com uma pequena quantidade de estresse externo – seu filho encontra-se numa fase difícil, então você se zanga e dá um tapa nele. No entanto, o estresse que você gera para si mesmo a partir da culpa e da frustração por sua própria falta de controle pode superar em muito o fato gerador original.

Em nosso mundo materialista, pode parecer estranho que um livro prático possa se estender até o nível espiritual, porém influências espirituais não podem ser ignoradas quando se trata do estresse interno. Quase todas as pessoas sentem a necessidade de algo mais, algo além do dia-a-dia; a falta de conteúdo espiritual em nossas vidas pode ser uma das principais origens do estresse. Essa necessidade subjacente é refletida na pergunta submetida pelas principais religiões – "Qual é a finalidade?" "Existe algo além da vida?" "Você vive e então morre e pronto?" A incerteza em relação a aonde a vida nos leva e a sempre presente realidade da morte produzem o estresse interno, ao mesmo tempo que muitas pessoas acham que fontes espirituais fornecem um alívio e defesa em relação a toda uma variedade de fatores de estresse, não apenas fatores físicos.

FATORES EXTERNOS DE ESTRESSE

Embora fatores internos sejam importantes, não podemos ignorar fatores externos de estresse. Eles estão aí o tempo todo. Alguns são enormes impactos isolados em relação a todo o processo. Luto, mudança de casa, divórcio, sair de férias (sim, causa estresse). Outros são pequenos, porém incômodos constantes – dirigir em ruas congestionadas ou constantes atritos no trabalho. Já vimos que uma vez que, qualquer que seja o estresse, nosso organismo reage como se estivéssemos em perigo físico, terminamos com uma reação hormonal potencialmente prejudicial. Isto significa que freqüentemente existe mais perigo em função dos tipos pequenos de estresse, porém constantes, do que em função de um grande evento isolado. No entanto, você realmente precisa está consciente dos perigos quando ocorrem vários grandes eventos de estresse em um ano. No Capítulo 4, verificaremos vários modos de monitorar seus estados de estresse de alto-nível e de baixo-nível.

POR QUE EU?

O estresse não afeta a todos da mesma maneira. Vários motivos, mentais e fisiológicos, irão determinar como um indivíduo responde ao estresse. Alguns de nós somos mais temperamentais ou mais naturalmente calmos. Alguns de nós possuímos mais auto-estima e nos sentimos mais sob controle, sendo portanto mais capazes de superar o estresse. Até mesmo nosso estado de saúde irá afetar nossa capacidade de lidar como o estresse.

Isto não significa que não exista nada a ser feito a respeito. Podemos não ser capazes de (ou mesmo desejar) mudar nossa personalidade, porém há muito o que fazer para ajudar, mesmo que você tenha uma tendência natural a reagir ao estresse de maneira errada, ou de entrar em estresse. Este é o objetivo deste livro – ajudar a gerenciar o estresse de forma que você possa melhorar seu nível natural de controle de estresse.

ASSUNTOS MÉDICOS

É necessário tomar cuidado na tentativa de gerenciar o estresse. Alguns sintomas aparentes de estresse possuem uma causa médica. Se você sofre de sintomas como tonteira, dores no peito, palpitações e desmaios, não basta imaginar que está em estresse e tentar gerenciá-lo – você poderia igualmente estar sofrendo de um problema cardíaco. Se você possui sintomas físicos, verifique com seu médico ao invés de assumir que são sintomas de estresse.

Da mesma forma, dificuldade de dormir ou dores de cabeça ou de estômago, todos potencialmente induzidos pelo estresse, podem possuir causas físicas que necessitam de tratamento – não faça suposições, verifique com o médico. Finalmente, não assuma que a depressão é necessariamente induzida pelo estresse. Existem duas formas claras de depressão – exógena, causada por influências externas, e endógena, advinda de causas internas. Uma depressão endógena é totalmente desvinculada de qualquer fator de estresse que você possa possuir e não irá reagir ao gerenciamento do estresse. Esse tipo de depressão não implica que você esteja mentalmente doente – é uma reconhecida condição fisiológica. Novamente, se você está sofrendo de depressão ou suas conseqüências (tristeza e tormento, cansaço e dificuldades para dormir, disfunções alimentares, dificuldade de concentração ou na tomada de decisões), verifique com seu médico, não faça suposições.

Controle do Estresse

CONTROLE E ALÍVIO

Até agora, a figura do estresse tem sido extremamente desagradável. Embora necessitemos de um elemento de estresse em nossas vidas para dar sabor e manter as coisas fluindo, o nível de estresse ao qual estamos sujeitos excede em muito essa necessidade e geralmente é de natureza destrutiva ao invés de construtiva. Precisamos de mecanismos para colocar o estresse sob controle e aliviar os danos que ele pode causar. De maneira geral, podemos dividir os modos de controlar nossa resposta ao estresse em três tipos – físico, emocional e espiritual. Também podemos construir defesas contra o estresse, evitando, em primeiro lugar, a chegada do estresse.

CONTROLE FÍSICO

O estresse é uma conseqüência fisiológica do fator de estresse e dessa forma responde ao controle físico. Ao extremo, isto pode envolver o uso de drogas, porém mais freqüentemente, pode ser uma questão de fornecer ao corpo as defesas naturais para que ele seja capaz de lidar com o estresse, possibilitando uma saída física quando o estresse se manifesta.

Os seres humanos nunca tiveram antes uma vida tão sedentária. Muitos trabalhos são agora presos a uma cadeira, esteja você sentado em frente a uma tela de computador ou dirigindo um carro. A TV garante que nossa diversão também seja de pouca energia. Não caminhamos tanto quanto costumávamos fazer. Relatórios recentes têm mostrado que mulheres, que tradicionalmente tinham menos problemas decorrentes da insuficiência de exercícios, empataram agora com os homens. Um importante fator ligado a ser capaz de lidar com o estresse é ser capaz de melhorar nossa condição física. Freqüentemente isto envolve princípios básicos como melhor sono, melhor alimentação e mais exercícios. Este não é um livro sobre saúde, porém estaremos analisando maneiras de atingi-la com uma determinada visão do gerenciamento do estresse – por exemplo, encontrar modos de se exercitar sem que se torne enfadonho.

Existem também controles físicos que vão além das melhoras básicas de saúde. Muitos acham a massagem particularmente eficaz. A Aromaterapia pode não estar totalmente comprovada, mas existe um número suficiente de pessoas que efetivamente se sentem beneficiadas (e tendo em mente a natureza do estresse, a percepção do benefício é suficiente) a ponto de valer a pena tentar. Embora tenhamos a tendência de imaginar o estresse muito mais como uma coisa interna, não deveríamos ignorar essas ajudas físicas.

CONTROLE EMOCIONAL

Uma grande extensão de nossa resposta ao estresse é dependente de nosso estado emocional; da imagem que fazemos de nós mesmos. Se estamos deprimidos e infelizes, o estresse terá um impacto desproporcionalmente grande. Todos nós já estivemos na posição de perder a calma com alguém em função de uma ofensa muito pequena, quando já estamos nos sentindo infelizes. Uma ajuda em relação a seu estado emocional pode fazer toda a diferença no sentido de como você enfrenta o estresse.

De maneira similar, como já verificamos, a autoconfiança e sentir-se sob controle de sua vida são imensamente valiosos no que diz respeito a desviar-se do estresse negativo. Coisas aparentemente tão frágeis como a postura e a auto-estima possuem um impacto muito grande. Um dos elementos que você irá encontrar nas técnicas é buscar elevar sua auto-estima.

É devido à importância de estar sob controle que o nível aparente de estresse em um trabalho não é sempre um bom indicador do impacto que terá sobre o indivíduo. Pessoas com carreiras aparentemente geradoras de estresse – diretores de empresas, profissionais autônomos bem-sucedidos, cirurgiões, controladores de tráfego aéreo – estão menos propensos a sofrer de doenças relacionadas ao estresse do que aquelas pessoas com empregos com níveis aparentemente baixos de estresse. É devido ao fato de trabalhadores de linha de produção ou faxineiros terem tão pouco controle e, por conseguinte, muito menor auto-estima, que estão mais suscetíveis ao estresse. O controle emocional apropriado pode ser um salva-vidas.

CONTROLE ESPIRITUAL

Existe uma dicotomia em nosso mundo. Nunca fomos tão racionais, científicos e analíticos. Ainda assim, todas as pessoas alguma vez irão sentir um anseio por algo mais, algo além do dia-a-dia. Esta necessidade por algo mais gerou um enorme interesse em tudo sobre a filosofia da Nova Era por parte de religiões já estabelecidas.

A abordagem específica adotada não é o ponto de interesse neste caso, embora existam várias diferentes sugestões nas técnicas. A questão importante é o poder de fazer com que uma dimensão espiritual em sua vida ajude a controlar o estresse. Muitas religiões dão ênfase à oração ou meditação como meios de construir a calma espiritual, o que possui o efeito prático de reduzir o impacto do estresse. De fato, apropriadamente utilizadas, essas ferramentas espirituais podem ser as mais eficientes aliviadoras de estresse, uma vez que podem ser utilizadas em quaisquer circunstâncias e possuem um efeito muito poderoso. Aceitar uma dimensão espiritual em sua vida pode também ajudar a superar dificuldades com "as grandes questões'" que são raramente pensadas ou discutidas na vida normal, de forma que permanecem como uma desagradável preocupação no limiar da consciência.

DEFESAS CONTRA O ESTRESSE

Às vezes, o melhor modo de controlar o estresse é evitar que ele até mesmo chegue a você. Existem muitas maneiras agradáveis de reduzir o impacto de estar sentando no meio de um congestionamento de trânsito, em fila com outros passageiros a caminho do trabalho; no entanto, seria muito melhor se você pudesse, em primeiro lugar, evitar a fila. Neste exemplo em particular, as defesas podem ser qualquer coisa desde pegar um caminho diferente até mesmo não estar no trânsito.

A tendência natural é pensar que a maioria dos fatores de estresse é inevitável. Um exemplo que tenho utilizado freqüentemente é uma entrevista com um diretor de uma grande corporação, que lamentava-se que seu trabalho havia tornado impossível ver seus filhos crescerem. Ele pensava que não tinha nenhuma escolha. De fato, ele havia tomado a decisão de que sua carreira e o nível de renda a ela associado eram mais importantes do que sua vida familiar. Não cabe a mim dizer se ele havia tomado a decisão certa ou não, porém era uma decisão, não um fato inevitável. Uma vez que a decisão nunca havia sido tomada conscientemente, tratamos dela como se não existisse. É um engano. O mesmo acontece com fatores de estresse. Geralmente, assumimos que não podemos evitar os fatores de estresse e, portanto, precisamos de controles para poder enfrentá-los. Antes de alcançarmos esse estágio, vale a pena tornar visíveis as decisões que forçam os fatores de estresse em você ao invés de deixá-las implícitas.

MANTENDO O EQUILÍBRIO

Enquanto constrói seus próprios recursos contra o estresse, tenha em mente que seu objetivo não é eliminar totalmente o estresse de sua vida, mas alcançar um melhor equilíbrio. Isto é importante para ser lembrado, tanto para que você não se sinta frustrado por não ter alcançado a perfeição, quanto para evitar uma tendência a remover os fatores de estresse positivos que o empurram para frente para alcançar sucesso sem colocar em perigo sua saúde e felicidade.

ESTE LIVRO

As técnicas em *Gerenciamento do Estresse* são projetadas para ajudar em relação a diferentes aspectos relativos a controlar a reação do estresse e defender-se contra o estresse. Cada exercício é apresentado em um formato padrão, com detalhes sucintos sobre qualquer preparação necessária, tempo de execução, recursos utilizados e a freqüência de sua aplicação, seguida por uma descrição do exercício propriamente dito. Logo depois, seguem sugestões como feedback, comentários sobre o resultado e possíveis variações da técnica. A parte final de insumo é a classificação por número de estrelas. Esta é uma rápida referência para mostrar como aquele exercício em particular fornece controle físico, controle emocional e/ou espiritual e defesas – e o quão divertido ele pode ser. O tanto quanto possível, os exercícios exigem uma preparação mínima, porém alguns exercícios que requerem um pouco mais de trabalho de antemão estão incluídos, uma vez que podem, algumas vezes, ser particularmente eficientes. Note que os tempos de duração são mínimos – você pode demorar mais tempo na maioria dos exercícios, se for apropriado.

O modo como você utiliza os exercícios depende muito de seu modo de vida. Não existe nada de errado em trabalhar todo o livro em seqüência. De maneira alternativa, as tabelas no Apêndice oferecem várias maneiras de escolher um exercício. Existe uma tabela de seleção aleatória como uma maneira de passar pelos exercícios sem seguir uma rotina. E ainda, existem tabelas que organizam os exercícios pelo modo como são pontuados nas várias classificações por estrelas. Utilize os exercícios do modo que melhor se ajustem a sua agenda, com a condição de que o gerenciamento do estresse requer prática regular. Utilizando o *Gerenciamento do Estresse* em grandes dosagens, você provavelmente estará mais apto a fazer algo sobre seu estresse.

Exercícios 1 – Avaliando

4.1 Disfunções de controle

Preparação: Nenhuma.
Tempo de duração: Quinze minutos.
Recursos: Bloco para anotações.
Freqüência: Uma vez.

O nível de controle sobre sua vida no qual você se encontra, tanto dentro quanto fora do trabalho, pode ter um importante impacto sobre seus níveis de estresse. Pegue um pedaço de papel e divida em três colunas: trabalho, noites e finais de semana (se você trabalha em turnos, altere os títulos de maneira correspondente). Gaste alguns minutos listando as principais atividades que você faz em cada coluna. Lembre-se de incluir atividades que atravessam todas as colunas como transporte para o trabalho – não importa aonde.

Agora, imagine-se em cada uma das atividades. O quanto você se sente sob controle? (Sua percepção aqui é a coisa mais importante.) O quanto você pode decidir sobre o que e quando fazer? Sua iniciativa conta, ou você está seguindo um padrão fixado por outra pessoa? Você está seguindo regras ou interpretando princípios? Note que o tempo é um dos principais fatores no controle. Um prazo fatal para o qual se esteja preparado não tira de você o controle. Um prazo fatal que seja jogado em você repentinamente, ou para o qual você não se prepare, pode ser um fator debilitante. Rotule cada atividade A (alto), M (médio) ou B (baixo) para o nível de controle que você tem.

Feedback Tome nota das áreas de baixo controle para uma ação positiva. Pense sobre cada uma delas. Existe alguma sob a qual seja possível exercer maior controle? Você consegue lidar com o estresse que está surgindo utilizando qualquer uma das principais categorias que irá encontrar na próxima seção: controle físico (exercício, medicamentos etc.), controle mental (pensar de modo diferente etc.), controle espiritual (obtendo calma por meios espirituais etc.) ou defesa (tomar uma atitude para evitar que o fator de estresse chegue até você)? O gerenciamento do tempo é também uma força muito positiva para colocar maior controle em suas mãos. Veja o Capítulo 6 para alguns livros sobre gerenciamento de tempo.

Resultado Da mesma forma que com todas as técnicas neste capítulo, o resultado não é um resultado final, mas uma direção a considerar ao utilizar o próximo capítulo. Mantenha sua lista de áreas de baixo controle como um estímulo para utilização em exercícios futuros.

Variações Nenhuma. Ao contrário do Capítulo 5, não é dada classificação sob forma de estrelas a estes exercícios uma vez que não é apropriada.

4.2 A grande coisa

Preparação: Nenhuma.
Tempo de duração: Dez minutos.
Recursos: Bloco para anotações.
Freqüência: Uma vez.

Grandes eventos em sua vida, sejam positivos ou negativos, são geradores de estresse. Este exercício analisa o que você passou ao longo do último ano ou pouco mais, e o que você provavelmente irá atravessar este ano. Gaste alguns minutos anotando eventos que se encaixem em cada uma dessas categorias:

- Muito alto: morte de uma pessoa próxima, divórcio ou separação, prisão ou grande dano.
- Alto: casamento, perda de emprego, aposentadoria, doença grave, gravidez, nascimento, adoção, problemas sexuais, alteração significativa na situação financeira, morte de um amigo, muitas discussões.
- Médio: grande empréstimo, dívidas, alteração nas responsabilidades no trabalho, filhos saindo de casa, disputas familiares, alterações nas condições domiciliares.
- Baixo: outros grandes eventos e fatores de estresse incluindo férias, bilhetes de estacionamento etc.

Feedback Esta escala é uma simplificação da tabela de crises da vida desenvolvida por Holmes e Rabe. Ela fornece uma classificação detalhada para cada item potencial de estresse. Tudo o que estamos tentando fazer aqui é obter uma noção da quantidade de pressão gerada por eventos importantes. Repare que eventos isolados deste tipo não representam uma grande ameaça para seus níveis globais de estresse. É o estresse contínuo que causa o dano – e ele pode advir tanto dos pequenos e crônicos fatores de estresse quanto de uma série de eventos importantes (ou de ambos).

Resultado Os eventos importantes fornecerão determinados pontos de estresse e contribuirão para seus níveis globais de estresse. Ter consciência do fato de estar em um período com um nível elevado de fatores importantes de estresse irá ajudá-lo a decidir se você precisa se concentrar inicialmente na defesa – que realmente só funciona contra pequenos fatores de estresse – ou no controle.

Variações Nenhuma.

4.3 Como você reage?

Preparação: Nenhuma.
Tempo de duração: Cinco minutos.
Recursos: Bloco para anotações.
Freqüência: Uma vez.

Todos nós temos diferentes maneiras de reagir à pressão, mas, de maneira geral, todas essas abordagens se encaixam em duas categorias, às quais foram dados os títulos Tipo A e Tipo B pelo médico americano Meyer Friedman nos anos 60. Gaste alguns minutos imaginando quais desses comportamentos melhor se encaixam em sua reação usual a uma situação. Tente ser honesto.

Tipo A
Acha que outras pessoas atrapalham.
Sente-se bastante impaciente.
Tem explosões de temperamento.
Acha que o fracasso é um problema importante.
Contém emoções.
Sempre tenta conseguir mais.
Acha a vida um constante sufoco.
Gosta de trabalhar sob pressão.

Tipo B
Gosta de trabalhar com outras pessoas.
Sente-se geralmente prostrado.
Leva as coisas com calma.
Perdoa os fracassos facilmente.
Deixa as emoções fluírem.
Sente-se bem com as coisas do jeito que estão.
Acha a vida geralmente fácil.
Não gosta de trabalhar sob pressão.

Feedback Ao mesmo tempo que o comportamento do Tipo A está mais propenso a levar a uma enfermidade relacionada ao estresse, também está associado a fazer com que as coisas se realizem. Geralmente, aqueles que chegam ao topo em sua carreiras terão algumas características do Tipo A. O problema, sempre que se refere ao estresse, não é simples. É também verdade que não há nada mais difícil do que mudar uma reação que seja baseada na sua personalidade. É possível – e técnicas de gerenciamento de estresse podem ajudar – mas se você está mais propenso ao Tipo A, achará difícil mover-se em direção a um equilíbrio com o Tipo B.

Resultado Estando ciente de sua posição, você pode decidir como (e se) precisa tentar mudar o equilíbrio entre o Tipo A e o Tipo B. Lembre-se de que esta não é uma decisão simples – e você não está tentando converter-se do Tipo A para o Tipo B, mas alcançar um equilíbrio saudável.

Variações Nenhuma.

4.4 Diário de emoções

Preparação: Nenhuma.
Tempo de duração: Uma semana.
Recursos: Bloco para anotações.
Freqüência: Uma vez.

Uma atividade imediata que dura uma semana? Porém, o tempo que você leva fazendo é insignificante. No bom estilo Jornada nas Estrelas, mantenha um diário do que está acontecendo, e como você se sente. Provavelmente faz sentido dividi-lo em quatro colunas – o que você está fazendo, como você se sente a respeito, o que você está pensando e como está se comportando. Se achar difícil distinguir entre pensamento e sentimento, apenas escreva ao longo das duas colunas, mas geralmente sabemos distinguir entre nossa lógica, reação consciente e sentimento interno.

Feedback Faça um retrospecto de sua semana. Existem circunstâncias em particular que você se sentiu em estresse? Anote-as. Preste atenção em atividades que pareçam geradoras de estresse ou comportamentos que sejam frenéticos, fora de controle e negativos. Procure atentar que são negativos e destrutivos.

Resultado O objetivo desse diário é tomar consciência dos pontos de perigo em sua agenda – as atividades e interações que irão lhe causar o maior nível de estresse. Com um mapa dos pontos nevrálgicos, você deve ter maior capacidade de aplicar sua mala de ferramentas de gerenciamento de estresse.

Variações Você pode realizar essa atividade regularmente (de hora em hora, três vezes ao dia ou seja o que for), ou, provavelmente melhor, nos intervalos entre as atividades. Se você não faz intervalos entre as atividades, já identificamos uma área problemática – force-se a isso essa semana. Você poderá ver maiores benefícios (veja *Intervalos*, 5.10). Se for complicado fazer anotações em seu diário, siga ainda mais o estilo Jornada nas Estrelas e utilize um gravador de bolso.

4.5 Verificações físicas

Preparação: Nenhuma.
Tempo de duração: Cinco minutos.
Recursos: Bloco para anotações.
Freqüência: Uma vez.

Em que nível de estresse você se encontra exatamente agora? Esta é a primeira entre duas atividades para verificar os tipos de reações às quais o estresse geralmente induz. Você está propenso a vários desses sintomas físicos?

- Indigestão habitual.
- Incapacidade de dormir bem.
- Mal-estar e dores que melhoram com massagem.
- Eczemas, manchas e outros problemas de pele.
- Dores de cabeça constantes.
- Sempre contrai pequenas infecções.
- Dificuldade de respirar.
- Sente-se tonto ou trêmulo.
- Sente calafrios.
- Formigamento nas mãos.

Feedback Note que nem todos os sintomas físicos desse tipo são causados pelo estresse. Se você possui sintomas que persistem, verifique com seu médico.

Resultado Este exercício e o próximo são simplesmente para ajudá-lo a estabelecer o quanto você já se encontra em um estado de estresse crônico. Eles fornecem uma base útil para o gerenciamento do estresse.

Variações Nenhuma.

4.6 Verificações emocionais e espirituais

Preparação: Nenhuma.
Tempo de duração: Cinco minutos.
Recursos: Bloco para anotações.
Freqüência: Uma vez.

Reações de estresse não são limitadas ao físico – afinal, o estresse é irritantemente holístico. Esta segunda atividade para verificar sintomas típicos de estresse considera os efeitos em sua emoção, mente e espírito. Quantos, se algum, entre esses soam familiares?

- Esquecer as coisas em demasia.
- A tomada de decisões é difícil.
- Sua maneira de dirigir piorou.
- Você se sente inquieto.
- Você se sente frustrado com os outros.
- Impaciência fora do comum.
- Mudanças de humor.
- Falta de concentração.
- Tudo parece sem sentido.
- Você não consegue se sentir no comando das coisas.
- Você se sente na defensiva.

Feedback Da mesma forma que com sintomas físicos, tenha em mente que muitas dessas reações podem ser relativas a enfermidades, bem como ao puro estresse. Não hesite em obter conselho médico se for preciso.

Resultado Estas verificações são simplesmente para ajudá-lo a estabelecer o quanto você já se encontra em estado de estresse crônico. Elas fornecem uma base útil para o gerenciamento do estresse.

Variações Nenhuma.

4.7 Deprimido?

Preparação: Nenhuma.
Tempo de duração: Dez minutos.
Recursos: Bloco para anotações.
Freqüência: Uma vez.

A depressão é mais do que uma simples questão de sentir-se infeliz, é uma condição clínica. De maneira confusa, a depressão é gerada de duas formas – pode advir de eventos externos ou vir do interior. O último caso, no qual parece não haver nenhuma causa óbvia, é uma pura condição médica que requer atenção. Preste atenção em alguns desses possíveis indicadores:

- Sente-se sempre cansado, não importa o quanto durma.
- Sente-se inútil e sem valor.
- Perda de apetite.
- Problemas para lidar com o trabalho (onde anteriormente não era o caso).
- Sente-se sempre triste ou simplesmente vazio.
- Pensamentos fora do comum sobre a morte.
- Ansiedade sem nenhuma causa real.
- Falta de interesse na vida social ou em sexo.
- Não consegue colocar os pensamentos em ordem.

Feedback Embora as técnicas de gerenciamento do estresse possam ajudar a aliviar a depressão oriunda de eventos externos, não conseguem ajudar na forma interna. Certifique-se de que a depressão não é uma parte do problema se você está sob estresse – se estiver na dúvida e os sintomas persistirem, entre em contato com seu médico.

Resultado Em muitos casos, a depressão é simplesmente uma reação ao estresse, mas é importante reconhecer que pode não ser este o caso, de maneira que ações alternativas possam ser tomadas.

Variações Nenhuma.

4.8 Loteria da vida

Preparação: Nenhuma.
Tempo de duração: Dez minutos.
Recursos: Papel e caneta.
Freqüência: Ocasionalmente.

    Divida uma folha de papel em duas partes Tome nota das principais atividades que você realiza – entre 10 e 20 – em uma metade do papel. Não faça distinção entre atividades profissionais e sociais – liste tudo que seja significativo. Tentando não ser modesto, destaque aquelas que você faz bem. Para quais delas você obteve retorno positivo? Faça também um retrospecto na linha do tempo. O que você fez há alguns anos e fazia bem, porém não fez mais desde então? De maneira similar, imagine-se no futuro. Existe algo que você nunca tenha efetivamente feito, mas imagina que faria bem? Não se trata de uma questão de sonhos impossíveis, mas talentos que você sente que pode ter, se for dada a chance.
    Agora a parte divertida. Imagine que você tenha ganho uma grande soma em dinheiro. Você nunca mais precisará trabalhar. Gaste um minuto deleitando-se com esse pensamento e suas implicações imediatas. Na outra metade do papel, desenhe três colunas: "Sim", "Não" e "Nova". Coloque todas as suas atividades em uma das duas primeiras colunas. O que você faria afinal de contas? O que você dispensaria imediatamente?
    Com as duas primeiras colunas preenchidas, considere a terceira. Dada a liberdade fornecida por sua riqueza, o que mais você faria? Tente ser realista, considerando seus talentos, mas sinta-se satisfeito em exagerar.

Feedback Variações deste exercício apareceram em mais livros que escrevi do que em quaisquer outros. Desculpe-me se você já tiver várias cópias dele – mas sou repetitivo. Este simples exercício é um dos mais valiosos que você pode fazer, esteja você tentando reduzir o estresse, organizar o gerenciamento do tempo ou decidir sobre o encaminhamento de sua carreira.

Resultado Obter um quadro mais claro sobre exatamente o que seja aquilo que você deseja estar fazendo pode ser o primeiro passo para desanuviar muitas formas de estresse. Até que você tenha objetivos claros, é muito difícil entender exatamente o que é que está frustrando você.

Variações Existem várias outras maneiras de avaliar seus objetivos pessoais. Se isto não funcionar para você, procure algo mais – porém esta forma é geralmente eficaz. Repita o exercício de maneira não freqüente, particularmente se importantes mudanças em sua vida encontram-se no horizonte.

4.9 Mais que tangível

Preparação: Nenhuma.
Tempo de duração: Dez minutos.
Recursos: Papel e caneta.
Freqüência: Ocasionalmente.

Este é um exercício ligado à *Loteria da vida* (4.8), analisando os aspectos menos tangíveis de suas necessidades e desejos. Primeiramente, pense sobre relacionamentos e emoções. Gaste alguns minutos anotando o que você deseja obter de seus relacionamentos – amigos, companheiro, filhos, outra família – e o que deseja dar. Como você gostaria que fosse sua vida social? Então analise o estado atual das coisas. Anote como realmente as coisas estão. Agora considere o que está no meio. Explore os obstáculos que estão evitando que você atinja imediatamente seu ideal.

Faça um exercício em paralelo para seu lado espiritual e religioso, todavia com uma abordagem ligeiramente diferente. Passe um momento anotando exatamente em que você acredita (num sentido espiritual) – dê a isso um certo tempo, não é algo sobre o qual freqüentemente reflitamos. Em seguida, repare suas áreas de incerteza. Sobre o que (dentro desta área) você desejaria saber mais? Então procure ilhas de paz em sua vida, que você conscientemente pode não imaginar como espirituais. Alguma delas poderia formar uma semente a partir da qual você poderia desenvolver alguma coisa para suas áreas de incerteza? Finalmente, considere qualquer um dos suportes espirituais que lhe são disponíveis, desde religião organizada até a filosofia da Nova Era. É provavelmente melhor iniciar com algo com o qual você tenha ligação cultural, mas coloque como uma primeira diretriz a explorar.

Feedback Isto representa o lado "suave'" da *Loteria da vida* de sentido mais prático. Não significa que não seja importante, todavia. Bons relacionamentos, emoções positivas e paz espiritual podem ser grandes defesas contra o estresse, da mesma forma que as emoções negativas em todas essas áreas podem ser uma grande causa de estresse.

Resultado Este exercício não irá consolidar seus relacionamentos ou direcioná-lo para uma religião – porém dará a você algumas diretrizes a serem levadas em conta.

Variações Da mesma forma que no exercício da loteria, existem muitos outros modos de ver essas grandes questões. Isto é apenas um início.

4.10 | Você é determinado?

Preparação: Nenhuma.
Tempo de duração: Cinco minutos.
Recursos: Bloco para anotações.
Freqüência: Uma vez.

Ser determinado é uma grande defesa contra o estresse. Imagine-se nessas três situações Em cada caso, anote o que você faria.

1. Você está no meio de uma fila, tendo esperado por meia hora. Um jovem casal chega e casualmente entra na fila exatamente na sua frente.

2. Você acabou de comprar um aparelho de CD. Não funcionou, então você foi devolvê-lo. O prazo para troca expirou após a primeira semana. Quando você leva o aparelho de volta, a gerente da loja diz que não irá substituir o aparelho, mas mandá-lo para o conserto.

3. Uma criança de quem você está tomando conta durante a tarde pede doces, mas foi pedido a você que não desse a ela nenhum doce.

Feedback Havia várias opções em cada caso. Você poderia deixar de reivindicar seus direitos, fazendo de conta que a situação não havia acontecido. Ou você poderia perder o controle agressivamente e exigir seus direitos. Ou então, você pode ser determinada, tornando claro o que está certo sem ser ameaçadora. Por exemplo, no segundo cenário, uma pessoa determinada se recusaria a aceitar qualquer outra coisa que não fosse uma substituição, porém de forma educada e sem perder a paciência. Existe também um quarto modo no qual as crianças são muito boas – chantagem emocional. Ao adotar esse método, você faz com que a outra pessoa se sinta culpada ou manipula aqueles envolvidos sem de fato exigir nada. Embora essa abordagem possa obter resultado, pode ser prejudicial a longo prazo para sua reputação.

Note a diferença entre determinação e agressão. Determinação pode forçar os limites da educação convencional, mas é uma abordagem prática calculada para atingir uma finalidade. Agressão é uma resposta emocional que geralmente possui um efeito negativo no que fiz respeito a chegar a uma conclusão.

Resultado Alguns dos exercícios no próximo capítulo estabelecerão a determinação como parte de sua defesa contra o estresse – a questão agora é simplesmente decidir o quão determinado você já é.

Variações Nenhuma.

5

Exercícios 2 – Saindo do Estresse

5.1 Pequenos sucessos

Preparação: Nenhuma.
Tempo de duração: Dois minutos.
Recursos: Nenhum.
Freqüência: Diversas vezes.

A auto-estima é um importante fator de contribuição para o estresse e para o gerenciamento do estresse. Se sua auto-estima estiver baixa, você estará mais propenso a sucumbir a uma enfermidade relacionada ao estresse. Um dos fatores que vão minando e mantendo baixa a auto-estima é a espiral descendente que diz "Nunca consigo nada", então você se sente mal por não conseguir nada, e então fica em estresse e consegue ainda menos.

Este é um exercício bem rápido que pode ter um efeito surpreendentemente poderoso sobre a auto-estima. Gaste alguns minutos escrevendo um punhado de pequenas realizações que você tenha alcançado durante o dia. Por pior que tenha sido o seu dia, você deve ser capaz de achar algo positivo a dizer – force a si mesmo a gerar pelo menos três; não aceite não como uma resposta. Repita este exercício a cada dia durante uma semana ou duas.

Feedback Prenda-se a pequenas realizações para este exercício. Examinaremos o alívio do estresse através de grandes realizações em um tópico diferente (*Eu fiz isso*, 5.40). Ninguém alcançará uma grande realização todos os dias, porém todos têm uma série de pequenas realizações que irão provar a natureza fictícia da visão destrutiva de que tudo em sua vida é terrível e você nunca é bem sucedido em nada.

Resultado Pode parecer que um sucesso tão pequeno – poderia apenas ser "Cheguei ao trabalho na hora certa" ou "Contei uma história para as crianças na hora de dormir" – seja café pequeno comparado a seus problemas. Não importa, muito do estresse oriundo da falta de auto-estima é derivado de uma figura triste imaginária de que "tudo" dá errado com você. Realisticamente, isto não pode ser verdade – e provar isso a si mesmo pode realmente ajudar.

Variações Você pode fazer isto diariamente, ou (talvez melhor) acumular uma lista de todas as pequenas somas ao longo do período em que você está realizando o exercício.

Controle físico	✪
Controle emocional/espiritual	✪✪✪✪
Defesa	✪
Divertimento	✪✪✪

5.2 Lidando com o confronto

Preparação: Nenhuma.
Tempo de duração: Dez minutos.
Recursos: Nenhum.
Freqüência: Uma vez.

Diversas técnicas em *Gerenciamento do Estresse* se relacionam a determinação e confronto. Esta é provavelmente a mais simples, porém a mais aplicável de maneira geral. Ter uma discussão está muito bem, mas quando nenhum dos lados está escutando o outro, você acaba tendo um confronto sem sentido. Existem geralmente melhores maneiras de alcançar um resultado (veja *Discussão coerente*, 5.42), mas uma vez que você tenha chegado ao confronto, a ação é necessária.

Gaste alguns minutos anotando quais seriam seus primeiros passos nessas duas situações de confronto. O que você diria? Como reagiria, tanto fisicamente como verbalmente?

1. Um colega chega e começa a provocá-lo, dizendo que você roubou o melhor membro da equipe deles.

2. Um cliente está reclamando de que seu produto ou serviço fez com que ele se atrasasse e com isso perdeu um encontro importante. Quer saber o que você vai fazer sobre o assunto? Ele está gritando.

Feedback Sentimo-nos tentados a pedir que a outra pessoa se acalme, mas isso geralmente resulta em mais raiva.

Não fique tenso e evite a linguagem corporal da tensão. Não ria ou sorria (uma reação nervosa comum) – pareça simpático. Afirme que sim com a cabeça muitas vezes. Mantenha seu corpo aberto (não cruze seus braços ao longo do peito ou vá se afastando da pessoa). Suas primeiras palavras devem ser de consentimento. Geralmente haverá algum fato com o qual você possa estar de acordo. Continue positivamente mas sem ameaçar responder porque você não pode realmente fazer a entrega exatamente como ele gostaria. Termine dizendo "e tenho certeza de que podemos..." ou qualquer coisa parecida. Termine com uma ação que possa ser aceitável para ambos, utilizando a ligação "e" para assegurar que está concordando com o que aconteceu antes e não descordando.

Resultado Desarmar um confronto é uma boa defesa conta o estresse. Tente.

Variações Procure outras técnicas em livros sobre auto-determinação.

Controle físico	✪
Controle emocional/espiritual	✪✪✪
Defesa	✪✪✪✪
Divertimento	✪✪

5.3 Não se isole

Preparação: Nenhuma.
Tempo de duração: Dez minutos.
Recursos: Diário.
Freqüência: Uma vez.

Quase todo mundo é culpado pela procrastinação. Vivemos o juízo final quando temos que tomar uma decisão. Colocamos de lado o problema que paira sobre nossas cabeças porque é muito desagradável lidar com ele. Evitamos dar más notícias a alguém. O resultado é que temos uma preocupação desagradável, constante, que nos leva ao estresse internamente. Devido ao modo como o cérebro trabalha, qualquer questão desagradável é passível de se manter ressurgindo, prejudicando as outras coisas que precisamos fazer.

Gaste alguns minutos pensando sobre seus objetivos e necessidades pessoais. Você está com alguma preocupação desagradável no momento? Existem decisões que você realmente precise tomar, ou ações que simplesmente têm que ser realizadas? Você não pode fazer todas elas em dez minutos, mas pode decidir quando você vai fazê-las e tomar nota para lembrar-se. A simples ação de planejar quando você vai fazer alguma coisa remove muito do estresse associado a ela.

Feedback Não confunda procrastinação com viver o dia de hoje. Embora, é claro, você precise planejar e não haja nada de errado em curtir o passado, a única situação que você pode realmente viver é o agora. Se você está constantemente pensando no futuro, está desperdiçando totalmente sua vida – e construindo o estresse. Viver o dia de hoje implica que você não se preocupa com coisas que poderiam ser. Sim, planeje e tome atitudes, mas a partir daí esqueça o futuro até que seja necessário tomar uma atitude. Isto é bastante diferente da procrastinação, na qual você está constantemente se preocupando com qual atitude tomar, mas nunca efetivamente fazendo alguma coisa.

Resultado Evite a procrastinação e o estresse que é sua bagagem inevitável – porém lembre-se de viver o dia de hoje.

Variações Nenhuma.

Controle físico	✪
Controle emocional/espiritual	✪✪✪
Defesa	✪✪✪✪
Divertimento	✪✪

5.4 Guarde idéias

Preparação: Nenhuma.
Tempo de duração: Dez minutos.
Recursos: Caderno.
Freqüência: Regularmente.

Idéias são coisas estranhas, vindo à tona nas horas e lugares mais inesperados. Pessoas têm idéias no carro, no banho, enquanto caminham, enquanto sentam sonhando em um campo, no banheiro, na cama... mas dificilmente na escrivaninha (e certamente não sob pressão).

Deixar de compilar idéias é uma má estratégia. Você não apenas desperdiça sua preciosa inspiração – isto cria estresse. Você vai tentar manter as idéias na memória. Então, nas próximas horas, você estará murmurando "Preciso lembrar de X" ou "Qual foi aquela idéia, agora?" Uma vez que a geração de idéias geralmente acontece no estado mental entre caminhar e sonhar, torna-se fácil que o detalhe de uma idéia se apague rapidamente. Deixe passar mais tempo e você ainda poderá estar tentando lembrar-se da idéia quando for dormir, perturbando sua noite. E ainda, você pode esquecê-la inteiramente.

Carregue um caderno, pequeno o suficiente para mantê-lo em seu bolso. Quando ocorrer a idéia, anote-a. De maneira regular – pelo menos uma vez por semana – reveja seu caderno e transforme idéias que valham a pena em empreendimentos.

Feedback Inevitavelmente, idéias irão surgir quando você não estiver com seu caderno, ou não puder utilizá-lo. Deixar para si mesmo uma mensagem pode ajudar. Faça uma chamada para seu correio de voz (acessível no carro se você possuir um aparelho de viva-voz) e deixe uma mensagem sobre a idéia. Ou então, utilize o e-mail de alguma pessoa e mande para si mesmo uma nota.

Resultado Guardar idéias fornece o benefício triplo da própria idéia, ou de não perturbar seus recursos mentais tentando lembrar-se da idéia (o que sempre gera estresse) e de não se sentir frustrado por perder uma idéia.

Variações Algumas pessoas acham um gravador de bolso mais eficaz do que um caderno. Certamente, isso significa que você pode facilmente armazenar as idéias enquanto dirige. Acho a agenda melhor, pois é mais provável que faça alguma coisa com o resultado – mas tente um gravador se parecer mais conveniente.

Controle físico	✪
Controle emocional/espiritual	✪✪✪
Defesa	✪✪✪✪
Divertimento	✪✪

5.5 Resolvendo o estresse

Preparação: Nenhuma.
Tempo de duração: Quinze minutos.
Recursos: Bloco para anotações.
Freqüência: Uma vez.

Exercícios regulares não são apenas bons para sua saúde, são parte essencial de um programa de redução do estresse. Esta seção não é sobre exercícios – requerem duas ou mais sessões por semana durante pelo menos meia hora – é sobre planejamento. A maioria das pessoas que de repente decide fazer exercícios não dá continuidade. Tente este planejamento de três itens.

1. Automotivação. Encontre um motivo estimulante para se exercitar (vá fundo, como, por exemplo, manter-se vivo para seus filhos). Certifique-se de que esteja em primeiro plano na sua mente quando decidir sobre o modo como utilizar seu tempo.

2. Escolha algo de que goste. Isto pode parecer evidente; no entanto, muitas pessoas escolhem uma forma de exercício que requer força de vontade (ginástica de academia) ou que induz a uma carreira (o golfe). Encontre algo de que realmente goste.

3. Agregue valor. Reúna-se com amigos e transforme isso num evento social, ou escolha uma atividade na qual possa utilizar um walkman ou escutar música, rádio, gravações de livros ou aprender um idioma.

Feedback Sua atividade deve ser aeróbica, maximizando o uso do corpo. Escolhas típicas são natação, andar de bicicleta, corrida ou ginástica de academia – evite esportes que não envolvam atividade contínua. Se, como eu, você achá-los enfadonhos, não rejeite a caminhada. Estamos acostumados a utilizar a caminhada como uma trilha suave que nos introduz ao exercício. De fato, caminhar rapidamente pode ser um exercício eficaz (especialmente se houver encostas) com menor risco de se machucar do que a corrida. E, além disso, caminhar é prático. Detesto exercícios que se encerram em si mesmos – possuir um objetivo de chegar a algum lugar dobra o valor. Mergulhar em exercícios pesados não é bom para você. Procure orientação se estiver com alguma dúvida.

Resultado O exercício reduz a tensão física e baixa os níveis de substâncias químicas do estresse. Revigora o corpo, ajuda a manter a boa forma e a resistência física. O controle físico do estresse é a base sobre a qual tudo mais é construído. Você não pode ignorá-lo.

Variações Nenhuma.

Controle físico	✪✪✪✪
Controle emocional/espiritual	✪✪
Defesa	✪✪
Divertimento	✪✪

5.6 Coisas do ambiente

Preparação: Reunião.
Tempo de duração: Trinta minutos.
Recursos: Bloco para anotações.
Freqüência: Uma vez.

A maioria das pessoas gasta entre 30 a 60 horas por semana em seu ambiente de trabalho. É um longo tempo – provavelmente mais, por exemplo, do que você gasta na sala de estar de sua casa. Considere a quantidade relativa de esforço que você faz para tornar agradável sua sala de estar e tornar agradável seu local de trabalho.

Reúna as pessoas que trabalham em uma seção de seu local de trabalho que possa ser destacada das outras (veja Variações, se trabalhar sozinho). Coloque dois painéis. Em um deles, liste tudo o que esteja errado com seu ambiente de trabalho atual – pequenas ou grandes coisas. No outro, liste qualquer coisa que você ache que contribui para um ambiente agradável – novamente aponte tanto pequenos detalhes quanto questões de grande escala.

Agora, combinando os dois, levante as dez principais coisas que você pode fazer em termos de "custo-benefício" que tornariam agradável o ambiente. Podem ser elencadas de forma individual ou através do grupo. Finalmente, considere de onde você pode obter o dinheiro e elabore uma agenda para fazer com que aconteçam.

Feedback A questão do dinheiro pode ser um obstáculo. A empresa pode contribuir, mas avalie se os empregados deveriam também contribuir – não valeria a pena? Geralmente, um problema maior é a burocracia que, por exemplo, não permite decoração individual ou alterações no local de trabalho. Considere as opções de vencer a burocracia (veja *Rebatendo a burocracia*, 5.34, para algumas abordagens mais gerais), burlar ou ignorar as regras (sujeito a avaliações sobre segurança) – porém faça alguma coisa.

Resultado As condições nas quais você trabalha influenciam seus níveis de estresse, positivamente ou negativamente. A maioria dos empregadores está influenciada o suficiente sobre o estresse para perceber isso e dar apoio. Esteja preparado para lutar contra a uniformidade de padrões e obter um ambiente de trabalho agradável.

Variações Se você não trabalha com outras pessoas, faça de qualquer forma este exercício – suas preocupações com o ambiente possuem a mesma dimensão. Você possui a vantagem de menor necessidade de concordar com outras pessoas em relação ao que faz, mas pode achar mais difícil obter o dinheiro.

Controle físico	✪✪✪✪
Controle emocional/espiritual	✪✪
Defesa	✪✪
Divertimento	✪✪✪

5.7 Ria!

Preparação: Nenhuma.
Tempo de duração: Cinco minutos.
Recursos: Bloco para anotações.
Freqüência: Uma vez.

O estresse pode entrar em um ciclo vicioso. Quanto mais em estresse você estiver, mais infeliz você se torna. Essa infelicidade, então, resulta em mais estresse. Um requisito fundamental é romper esse ciclo, e uma ferramenta poderosa para lidar com isso é o riso.

Gaste alguns minutos juntando um pacote salva-vidas de risadas. Anote tudo que você possa imaginar que faça você rir. Não uma gracinha, escreva coisas que provoquem risos. Na realidade, nenhuma risada maliciosa ou calculada, mas o riso incontrolável, hilariante e puro. Pode ser de certos livros, desenhos animados, filmes, comediantes, programas de TV – ou apenas uma agradável noite passada com seus amigos. Uma vez que tenha a lista, veja se consegue ter um ou dois elementos salva-vidas de risadas à mão para quando se sentir em baixa.

Feedback Não achamos tão estranho assim o fato de sermos obrigados por lei a manter kits de primeiros socorros à mão, em caso de alguém necessitar de pequenos reparos físicos, então é um pouco estranho que não demos qualquer importância ao nosso bem-estar mental. Humor e riso tendem a ser censurados em um contexto de negócios. Aparentemente, não devemos nos divertir quando estamos trabalhando. Esta pura loucura parece ser derivada de alguma ética de trabalho Vitoriana ou de algum estranho conceito de que o humor e o riso são de alguma forma, não profissionais. Qualquer que seja a causa, precisa ser combatida.

Resultado O riso é um abrandador múltiplo do estresse, ajudando no nível mental, físico e espiritual. Existem verdadeiros processos químicos em funcionamento, que parcialmente explicam esse fato, mas grande parte disso refere-se aos benefícios do puro divertimento. Aproveite!

Variações Esta é uma técnica particularmente boa para ser aplicada quando os outros estão sofrendo de estresse. Faça com que se envolvam em uma noite de risos. Uma excursão para assistir a um comediante de primeira linha é provavelmente a melhor coisa. Existe algo muito restaurador em rir com um grupo de outras pessoas.

Controle físico	✪✪✪
Controle emocional/espiritual	✪✪✪✪
Defesa	✪✪
Divertimento	✪✪✪✪

5.8 Descarregando

Preparação: Nenhuma.
Tempo de duração: Cinco minutos.
Recursos: Nenhum.
Freqüência: Diariamente.

Sua memória de curto-prazo pode lidar somente com cerca de sete itens. Isto explica porque é tão difícil gravar um número de telefone que você acabou de consultá-lo. Somente conseguimos mantê-lo na memória de curto-prazo agrupando os números, talvez considerando o prefixo como uma única unidade. A mesma restrição se aplica a uma lista de tarefas. Se você tentar manter tudo o que precisa fazer hoje em sua cabeça, um horrível ato de malabarismo estará ocorrendo à medida que as tarefas disputam os sete espaços em sua atenção imediata. No extremo, você pode chegar em um estado semelhante àquele de um computador com memória insuficiente. Vai gastando cada vez mais tempo transferindo informações a partir do disco e para o disco. Ao final, essa atividade consome quase todo o tempo – uma condição que é chamada de *thrashing* (agitação). A maioria de nós já esteve neste estado no qual quase todos os seus pensamentos são ocupados com a tentativa de organizar sua linha de raciocínio.

Existe apenas uma resposta – colocar a lista por escrito (ou no quadro negro ou no computador). Junte a lista básica de ações do dia, com quaisquer tarefas de destaque em uma lista à parte, para ter certeza de que não se percam. Este não é um exercício fundamental de planejamento – deve apenas levar alguns minutos.

Feedback Algumas pessoas são elaboradoras de listas por natureza; outras acham que listas são restritivas. Se você se insere no segundo grupo, achará este exercício bastante difícil. Será fácil encontrar alguma outra coisa para fazer. Lute contra o impulso. Esta lista beneficiará até mesmo você.

Resultado Esta é uma atividade simples com uma surpreendentemente boa repercussão sobre níveis de estresse. Faça-a.

Variações A sabedoria convencional afirma que a noite de véspera é a melhor hora para elaborar uma lista de tarefas. No entanto, se sua mente está mais clara pela manhã, você pode achar melhor ser a primeira coisa do dia. Neste caso, tenha a certeza de fazer a lista cedo o suficiente para lidar com qualquer rotina que surja.

Controle físico	✪✪✪✪
Controle emocional/espiritual	✪✪
Defesa	✪
Divertimento	✪✪

5.9 Você é aquilo que você come

Preparação: Nenhuma.
Tempo de duração: Quinze minutos.
Recursos: Nenhum.
Freqüência: Uma vez.

Não existe uma ligação mágica entre comida e alívio do estresse, mas estar plenamente saudável é um fator positivo no gerenciamento do estresse, e a dieta é um fator de contribuição para a saúde. Ao mesmo tempo que existem constantes argumentos sobre alguns pontos específicos de dietas (ovos aumentam o colesterol? Vegetais são melhores crus ou bem cozidos?) alguns aspectos são muito claros. O fato de que a maioria de nós deva reduzir a ingestão de gordura saturada e sal, ao mesmo tempo comendo mais vegetais, frutas, peixes, fibras e (surpresa para alguns) carboidratos, é difícil de contestar. De maneira similar, a maioria de nós deveria beber mais água, especialmente se estivermos sob estresse, quando estamos mais propensos a ficar desidratados.

Gaste alguns minutos pensando sobre sua dieta. Identifique um punhado de mudanças que melhorariam sua dieta. Pense em como você poderia implementar essas mudanças. Por exemplo, se você desejar comer mais frutas e vegetais, poderia levar uma cenoura e uma maçã para o trabalho para quando você tiver vontade de beliscar algo. Geralmente a razão pela qual não comemos uma comida "melhor" é porque pressupõe muito trabalho – ao invés disso, facilite.

Feedback Ter cuidados com sua dieta pode realmente ser um fator de estresse. A maioria de nós não acha que fazer dieta seja particularmente agradável e, às vezes, é positivamente um sofrimento. A não ser que você tenha razões médicas para se manter em dieta, esteja preparado para quebrá-la, não freqüentemente mas bastante regularmente, como um prazer, para comemorar e soltar-se. Similarmente, uma quantidade regular, desde que controlada, de álcool, especialmente vinho tinto, não é uma má idéia, a não ser que você tenha problemas médicos correlacionados. Embora o álcool seja efetivamente um estimulante, muitas pessoas acham útil uma quantidade moderada de bebida alcoólica no processo de relaxamento.

Resultado Uma melhora na dieta (e por conseguinte na condição física) e uma redução no estresse causado pela preocupação com questões relacionadas à saúde devem ser os resultados interligados, neste caso.

Variações Nenhuma.

Controle físico	✪✪✪✪
Controle emocional/espiritual	✪✪
Defesa	✪
Divertimento	✪✪

5.10 Intervalos

Preparação: Nenhuma.
Tempo de duração: Cinco minutos.
Recursos: Nenhum.
Freqüência: Uma vez.

Todos já estivemos nessa situação. Você está trabalhando sob pressão. O tempo é curto e existe uma enormidade de coisas a serem feitas. Então você trabalha noite a dentro, mantendo abertas suas pálpebras com xícaras de café, quase sem parar. O estresse vai crescendo à medida que os prazos vão se aproximando.

Infelizmente, existem evidências substanciais de que esta não é uma excelente maneira de tirar o melhor proveito de seu cérebro. A quantidade de informações retidas e a qualidade de seu rendimento caem depois de estar muito tempo trabalhando na mesma tarefa. Fazendo uma série de pequenos intervalos, muito mais pode ser conseguido. Não existe uma duração mágica para os períodos de tempo, mas a maioria das pessoas acha que entre 15 minutos e uma hora, com intervalos de cerca de cinco minutos, irão superar a deterioração.

Nos poucos minutos dedicados a este exercício, você não fará nada prático. Ao invés disso, pegue uma tarefa que você tenha pela frente (ou invente uma para o exercício) e rascunhe uma lista de horários para períodos de trabalho e intervalos. Então, não deixe de utilizar sua lista.

Feedback Temos a forte tentação de continuar se tudo está indo bem. Mas, por melhor que pareça que as coisas estão caminhando, sua capacidade de recordar e raciocinar será beneficiada pelos intervalos. O intervalo deve ser algo completamente diferente, envolvendo uma utilização diferente da mente. Sair para tomar ar fresco por alguns minutos e relaxar é o ideal.

Resultado Dividir as coisas em parcelas faz bastante sentido, porém faz parte da natureza humana exagerar e tentar continuar, especialmente sob pressão. Geralmente, é necessário um horário rígido para forçar você mesmo inicialmente a fazer intervalos – mas persista para um melhor resultado e menos estresse.

Variações Tente diferentes períodos de tempo para ver qual funciona melhor para você. A tendência natural é tentar períodos maiores, uma vez que parecem mais eficazes. Não é necessariamente o caso de serem os melhores para você.

Controle físico	✪✪✪✪
Controle emocional/espiritual	✪✪✪
Defesa	✪✪✪✪
Divertimento	✪✪

5.11 Fúria

Preparação: Nenhuma.
Tempo de duração: Dois minutos.
Recursos: Nenhum.
Freqüência: Ocasionalmente.

A fúria está em todos os lugares na mídia. Pode ser aquela velha e favorita fúria no trânsito ou novas manifestações como a fúria dos PCs ou fúria dos aeroportos. De fato, de acordo com estudos recentes, a fúria não é nada de novo, mas algo insidioso está acontecendo. O uso da mídia dessa marca fez com que todos nós nos tornássemos conscientes da existência do fenômeno. E gostemos ou não, essa marca deu à fúria uma certa legitimidade. Esses rompantes são, de alguma forma, mais aceitáveis porque sabemos o que os está causando.

Geralmente, a fúria resulta da hiperestimulação. Dirigir é um exemplo clássico, no qual existe um estresse constante subjacente, trazido à tona através da necessidade de se concentrar no caminho e lidar com o tráfego intenso. Isto deixa o motorista muito próximo a seu limite, pronto a ser levado a uma forte reação de estresse em função de um pequeno incidente.

Essa fúria é ruim tanto para sua saúde quanto para seu desempenho. Se você sente a raiva brotando, inspire calmamente duas vezes e traga as coisas para seu contexto. Por exemplo, quando alguém se coloca bruscamente à sua frente enquanto você dirige, pense o quão trivial seria na calçada – por que é diferente em um carro? Não fique com raiva, ria deles. Imagine o outro motorista sentado no banheiro. Deboche do carro deles. Como alternativa, coloque-se na posição da outra pessoa. Isto pode ser especialmente útil em circunstâncias como atrasos no aeroporto. A pobre pessoa no balcão de informações não causou o atraso – por que ficar com raiva dela? Imagine como ela deve se sentir. Finalmente, pense em seu próprio benefício. Você terá uma resposta melhor se for simpático – não fique furioso, sorria. Sorrisos são os inimigos da fúria impensada.

Feedback É fácil escrever esses passos lógicos; outra coisa é utilizá-los quando você quer arrancar a cabeça de alguém ou quebrar em pedaços seu computador. Combater a fúria requer determinação e força de vontade.

Resultado Os benefícios para sua pressão sangüínea e para os níveis gerais de estresse superam em muito o custo de ser disciplinado o suficiente para vencer a fúria.

Variações Nenhuma.

Controle físico	✪✪
Controle emocional/espiritual	✪✪✪✪
Defesa	✪✪✪✪
Divertimento	✪✪

5.12 Sentindo-cheirando

Preparação: Nenhuma.
Tempo de duração: Quinze minutos.
Recursos: Nenhum.
Freqüência: Ocasionalmente.

A massagem há muito tempo vem sendo vista como um modo de amenizar o estresse. Quer seja utilizada sozinha, quer seja em combinação com a aromaterapia, tem muito a seu favor. Como o exercício, ajuda o fluxo sangüíneo e relaxa músculos retesados. O modo como você faz sua massagem fica a seu critério. Você pode aplicar a si mesmo algumas massagens básicas – no couro cabeludo, no pescoço, nos ombros – no entanto, trazer uma pessoa amiga com um livro adequado possibilitará consideráveis avanços. Não há dúvida, todavia, que fazer uma massagem com um profissional irá produzir os melhores resultados, especialmente porque mãos experientes serão geralmente capazes de sentir onde os músculos estão com maior necessidade de ser trabalhados.

A aromaterapia não requer massagem, embora ambos funcionem bem em conjunto. Apenas cheirar a essência apropriada, ou talvez tomar um banho morno (mas não quente) apropriadamente perfumado, pode ser eficaz por si mesmo. Você pode ficar seguro no modo faça-você-mesmo, com produtos comerciais da aromaterapia, mas vale a pena buscar orientação se você se aventurar nos óleos mais ativos utilizados por profissionais.

Feedback Como a maioria de métodos alternativos, a aromaterapia é objeto de opiniões variadas. Certamente parece haver alguma coisa em relação a ela. Por exemplo, a *British Airways* está fornecendo agora óleo de lavanda no seus kits de higiene. Parece haver alguma evidência de que uma leve borrifada no travesseiro ajuda a dormir – uma ajuda bastante direta no gerenciamento do estresse. Outras propagandas são menos apoiadas, mas esta deve ser uma área na qual a recomendação é experimentar e ver. O estresse é uma mistura tão complexa do mental com o físico que o que funciona para você é o que importa, seja ou não por razões físicas ou psicológicas.

Resultado Existe uma essência de puro relaxamento na massagem, e a aromaterapia para algumas pessoas torna-a ainda mais eficaz. Se você está tendo dificuldades em aliviar o estresse, especialmente tendo associada a tensão física, realmente vale a pena tentar uma delas ou ambas.

Variações Nenhuma.

Controle físico	✪✪✪✪
Controle emocional/espiritual	✪✪✪
Defesa	✪
Divertimento	✪✪✪

5.13 Ritual de relaxamento

Preparação: Nenhuma.
Tempo de duração: Cinco minutos.
Recursos: Nenhum.
Freqüência: Uma vez.

O ritual, uma prática regular, é uma poderosa fortaleza contra o estresse. Um ritual estabelecido para uma pequena parte de cada dia fornece uma âncora para uma vida de mudanças rápidas.

Em si mesmo, o ritual não precisa ser grande ou significativo. E ainda, há ocasiões em que você terá que abandoná-lo de bom grado. No entanto, o normal deve ser que seu ritual exista. O entardecer geralmente é a melhor hora, uma vez que o ritual ajuda a você a se refazer após um dia de trabalho. Pode durar dez minutos com um copo de vinho tinto, ou lendo uma história para as crianças, ou assistindo a um bom programa de televisão – a atividade é menos importante do que a natureza do ritual.

Sente-se por cinco minutos e pense sobre sua vida. Que elementos são rituais potenciais? Como você pode protegê-los? Tente dar a si mesmo alguma coisa diariamente, de preferência à noite. Você também poderá ter vontade de estabelecer um ritual semanal no fim de semana – neste caso, o fato de ser ao entardecer é menos importante, porém também não precisa levar muito tempo. Tente por algumas semanas para entrar no ritmo.

Feedback Ritual possui um nome ruim. Se você diz "É um ritual com ele", soa condescendente. A implicação é que possuir um padrão regular de fazer as coisas significa estar preso a uma rotina. Existe um ponto de verdade nisso. Se tudo o que você faz precisa se ajustar a um padrão, você está então condenado no mundo cintilante de hoje com mudanças rápidas a passos largos. Mas não é tão simples. Não importa o quão flexível você seja, ainda pode tirar benefícios de uma pequena essência de ritual. Como a família e o lar, fornece estabilidade em um ambiente contrariamente caótico. Rituais não devem predominar, mas deve haver um toque deles em sua vida.

Resultado Muitos de nós já possuímos um ritual mas não o reconhecemos e certamente não damos a importância que ele merece. Outros atualmente carecem de uma âncora e serão ainda mais beneficiados com este exercício.

Variações Nenhuma.

Controle físico	✪✪
Controle emocional/espiritual	✪✪✪✪
Defesa	✪✪
Divertimento	✪✪✪

5.14 Meu mentor

Preparação: Nenhuma.
Tempo de duração: Quinze minutos.
Recursos: Bloco para anotações.
Freqüência: Uma vez.

Existem muitas coisas que você pode fazer sozinho para gerenciar o estresse, mas às vezes você precisa de uma mãozinha. No entanto, isto não significa necessariamente um terapeuta. Ter alguém com quem conversar sobre seus problemas e aspirações é imensamente valioso.

Primeiramente, gaste cinco minutos pensando sobre sua vida, seu trabalho e sua casa. Escreva as coisas mais significativas que ocupam seu tempo, sua energia e suas preocupações. Em seguida, pense nas pessoas que você conhece. Um mentor ideal é:

- Absolutamente confiável – você desejará poder discutir assuntos confidenciais.

- Alguém que você conheça bem... mas não um amigo íntimo.

- Alguém que seja um bom ouvinte.

- Alguém com quem você mantenha um contato regular.

Não se aproxime de quem escolheu e diga "Quero que você seja meu mentor", apenas comece a reunir-se com eles de maneira eventual e converse sobre aquilo que o preocupa.

Feedback Para ser eficaz, você precisará ter conversas regulares com seu mentor. Não tente fazer com que se torne formal. Toda a questão envolvida em uma sessão com um mentor é que ela pode abordar qualquer coisa e todas as coisas. Note, a propósito, que você possui uma obrigação implícita de agir também como um mentor; existe alguém lá que precisa que você o escute.

Um aviso: às vezes, pacientes desenvolvem uma afeição por um analista do sexo oposto; uma vez que você está se forçando a tornar-se íntimo de seu mentor, existe o perigo de se confundir emocionalmente, se você estiver lidando com alguém que você possa achar atraente.

Resultado O papel do mentor é incomparavelmente poderoso em ajudar a você a chegar a bom termo em situações de estresse. Arranje um o mais cedo possível.

Variações Nenhuma.

Controle físico	✪
Controle emocional/espiritual	✪✪✪✪
Defesa	✪✪
Divertimento	✪✪✪

5.15 Medo do palco

Preparação: Necessidade de fazer uma apresentação.
Tempo de duração: Quinze minutos.
Recursos: Nenhum.
Freqüência: Ocasionalmente.

A maioria de nós ocasionalmente precisa falar para uma grande audiência. Para alguns, isso flui naturalmente, mas para muitos é uma experiência assustadora. A próxima vez que você tiver uma grande apresentação a fazer, utilize este exercício de planejamento para vencer aquele estresse. Tão logo saiba que estará se apresentando, junte uma porção de dicas de orientação. Algo como: apresentação pronta, texto pronto, ensaiado, guardado. Parte do estresse relativo a apresentações aparece bem antes do evento – quanto mais você estiver preparado, menos expectativa gerará em sua mente.

Alguns dias antes, dê uma passada geral por toda a apresentação. Você pode se sentir meio tolo, em pé diante de seu computador conversando com o ar, mas uma passada prévia ajuda com a marcação de tempo e possibilita que você aponte partes que precisam ser rescritas ou que não estão boas. Se necessário, faça isso duas ou três vezes, até que suas anotações sejam apenas uma referência ocasional. A propósito, é bom escrever o texto de sua fala, mas não o leia. Condense o texto em palavras-chave para utilizar no dia.

Quando chegar o evento, explore o local antes, se for possível – apresentar-se em um ambiente familiar gera menos estresse. Certifique-se de que a tecnologia funciona (e que você tenha equipamento reserva, caso não funcione).

Pouco antes da apresentação, faça um exercício respiratório. Coloque-se em um estado mental positivo. Sorria bastante. Saiba que vai ser bem sucedido. Então vá e divirta-se. Durante a apresentação, examine a audiência, mas detenha-se por mais tempo nos semblantes que apresentem um feedback positivo.

Feedback Todos que vão para o palco sentem um frio no estômago. Alguns atores profissionais sofrem terrivelmente de medo do palco. Não deixe que essa reação perfeitamente natural se transforme em estresse excessivo. Quando você faz uma apresentação, está encenando. Coloque-se em cena em um papel positivo. Divirta-se – todos podem.

Resultado Apresentações sempre envolvem estresse, mas estando preparado apropriadamente, você pode limitá-lo ao estresse positivo.

Variações Nenhuma.

Controle físico	✪✪
Controle emocional/espiritual	✪✪✪
Defesa	✪✪✪
Divertimento	✪✪

5.16 | Empurrando ondas

Preparação: Encontre um lugar quieto.
Tempo de duração: Cinco minutos.
Recursos: Nenhum.
Freqüência: Ocasionalmente.

Fique de pé com suas pernas ligeiramente separadas e seus joelhos soltos (prenda seus joelhos na vertical e então apenas relaxe-os ligeiramente dessa posição). Empurre suas costas para trás, como se tivesse atrás de você uma grande cauda de canguru, na qual estivesse descansando. Certifique-se de que suas costas e ombros estejam eretos. Agora, imagine um cordão desde o centro de sua cabeça até o teto. Deixe que ele puxe um pouco sua cabeça para cima. Relaxe. O.k. a posição ereta está resolvida. Agora, coloque suas mãos à sua frente, os dedos apontando para cima e as palmas das mãos viradas para fora, com a parte de trás das mãos contra seu peito e seus cotovelos na altura dos quadris. Mantendo suas mãos na posição vertical, lentamente empurre-as para longe de você, até que seus braços estejam quase totalmente esticados, mas de forma que seus cotovelos não se travem. Uma vez que esteja assim, puxe-os de volta em sua direção, com suas mãos na horizontal e as palmas das mãos apontando para baixo. Faça isso algumas vezes, até que o movimento seja lento, gracioso e parecendo uma onda. Torne a transição ao final do movimento a mais suave possível. Agora, vamos à respiração. Enquanto afasta suas mãos de si mesmo, expire pela boca. Quando aproximar suas mãos de si mesmo, inspire através do nariz. Desacelere todo o processo, de forma que seus movimentos sejam tão lentos quanto sua respiração possa se tornar. Feche seus olhos e continue com movimentos lentos, graciosos e respiração profunda e lenta.

Feedback Este é um exercício de *Chi Gung* que é geralmente utilizado em aulas de *Tai Chi*. É terrivelmente simples, porém extremamente eficaz. Não deixe de experimentar: ficará surpreso com o modo como se sentirá relaxado.

Resultado O relaxamento ajuda a você a drenar o impacto físico do estresse e a dar a si mesmo uma chance de equilibrar o impacto mental.

Variações Tente diferentes formas de relaxamento para ver qual se adapta melhor a você.

Controle físico	✪✪✪✪
Controle emocional/espiritual	✪✪✪
Defesa	✪
Divertimento	✪✪✪

5.17 Respirar é bom para você

Preparação: Encontre um lugar quieto.
Tempo de duração: Cinco minutos.
Recursos: Nenhum.
Freqüência: Regularmente.

É verdade evidente que respirar é uma boa coisa – mas existe respiração e existe respiração. Como todos os cantores sabem, existem dois tipos de respiração – com os músculos do peito e com o diafragma. Esta última é mais controlada e dá a você uma respiração mais profunda, porém tende a ser subutilizada, particularmente por aquelas pessoas sob estresse.

Em primeiro lugar, tente sentir aquela respiração pelo diafragma. Fique de pé ereto, porém não tenso. Faça uma respiração profunda e prenda-a por um segundo. Seu peito se erguerá. Agora tente manter seu peito "voltado para cima" enquanto respira para dentro e para fora. Você deve sentir uma sensação de tensão e relaxamento na área do estômago. Apóie uma das mãos suavemente em seu estômago para senti-lo em ação.

Agora deite-se no chão ou sente-se confortavelmente em uma cadeira. Feche seus olhos. Comece a respirar regularmente: conte até cinco (em sua cabeça!) enquanto inspira através do nariz. Prenda a respiração por um segundo, então expire através de sua boca, novamente contando até cinco. Apóie uma da mãos em seu estômago. Não force conscientemente sua coluna vertebral para que fique ereta, mas concentre-se no movimento do diafragma. Seu estômago deve suavemente se erguer à medida que você inspira e baixar quando você expira.

Feedback Uma das grandes coisas a respeito de exercícios respiratórios como este é que podem ser realizados muito bem em qualquer lugar. Por exemplo, embora dirigindo o carro não seja a posição ideal, você pode, ainda assim, entregar-se à respiração profunda.

Resultado Uma sessão regular de cinco minutos de respiração apropriada fornecerá a base para muitas outras técnicas de gerenciamento do estresse. É simples e muito eficiente. E ainda mais do que isso, ajudará em seu controle respiratório se você canta ou toca um instrumento de sopro.

Variações Não perca este exercício – envolve pouco esforço e é bastante valioso. Preferencialmente, você deve fazê-lo diariamente – recomenda-se exercícios respiratórios num total de três vezes ao dia.

Controle físico	✪✪✪✪
Controle emocional/espiritual	✪✪
Defesa	✪
Divertimento	✪✪

5.18 Viagem com baixo estresse

Preparação: Necessidade de viajar.
Tempo de duração: Cinco minutos.
Recursos: Nenhum.
Freqüência: Regularmente.

Viajar pode ser gerador de estresse ou prazeroso. Com um pouco de esforço, você pode tornar as coisas mais fáceis. Se estiver viajando de avião ou trem, faça a reserva com antecedência. Carregue o mínimo – atenha-se à bagagem de mão quando estiver em um avião. Utilize trens, se possível – a capacidade de se movimentar livremente, trabalhar ou ler mais confortavelmente, tudo isso torna a viagem menos estressante (assumindo que o trem chegue na hora). Tire proveito do tempo de viagem – ache maneiras de se divertir. Já parece ser consenso que você pode combater os atrasos de vôos evitando os horários tradicionais. Então, por exemplo, ao viajar através do Atlântico entre os EUA e o Reino Unido, viaje mais cedo durante o dia.

Ao agendar uma série de reuniões envolvendo viagens, seja parcimonioso com os horários. Uma retenção no primeiro horário pode produzir atrasos em cascata ao longo do dia. Às vezes, é vantajoso cancelar o segundo evento do dia, de forma que o resto não fique comprometido. Se estiver atrasado, utilize um telefone celular para avisar às pessoas que estão esperando e arranje muito o que fazer (fisicamente e mentalmente) para tirar proveito do tempo. Música relaxante e exercícios de relaxamento ajudam, mas a melhor proteção contra o estresse do período da viagem é conformar-se. Você está atrasado; não há nada que possa fazer a respeito. É muito mais fácil escrever do que fazer, mas é possível e ajuda muito.

Feedback Durante anos, quando eu fazia longas viagens, as pessoas teciam comentários do tipo: "É um bom emprego, para quem consegue", dando a entender que era um estímulo. Na verdade, percebi que para mim, viagens longas eram desconfortáveis. Desde então, achei que era possível fazer com que outra pessoa viajasse (ou cancelar totalmente a viagem), sem qualquer redução na qualidade do trabalho. Às vezes, viagens a negócios são necessárias, mas as ocasiões são menores do que você pode imaginar.

Resultado Viajar causa desgaste em você – dar atenção aos elementos do estresse pode ajudar em muito.

Variações Nenhuma.

Controle físico	✪✪✪
Controle emocional/espiritual	✪✪✪
Defesa	✪✪✪
Divertimento	✪✪

5.19 É bom conversar

Preparação: Nenhuma.
Tempo de duração: Cinco minutos.
Recursos: Nenhum.
Freqüência: Regularmente.

Quando você está sob pressão, é fácil considerar irritante qualquer interrupção em seu trabalho, na realidade, pequenas doses de conversa social regular são benéficas. Além de qualquer outra coisa, fracionar sua atividade em etapas (veja *Intervalos*, 5.10) irá resultar em menor pressão e maior eficácia. Mas o aspecto social vai além de melhorar a eficácia de seu resultado. Ter uma interação social positiva (certifique-se de que não se trata de fofocas ou lamentações, que irão aumentar o estresse) irá funcionar como um supressor natural do estresse.

Você já conversou esta manhã ou esta tarde? Não deixe de fazê-lo.

Feedback Quando uma empresa está sob pressão, existe, às vezes, um terror sobre a quantidade de tempo gasto em atividades estranhas ao trabalho durante o período de trabalho. O tema pode ser uma conversa, ou surfar na Internet, mas a resposta é geralmente a mesma – ser rigoroso com o tempo (e, portanto, com o dinheiro) gasto. Será uma grande ferramenta para o controle do estresse e para uma boa gerência, se você puder separar insumo e produto. A medida da empresa em relação a quão bem você está se saindo, e especialmente sua medida pessoal, deve ser o que você produz, e não quantas horas você passa em frente à sua mesa.

Resultado Ter uma conversa algumas vezes por dia ajuda a garantir que você faça um intervalo em seu trabalho e age como um supressor de estresse, contanto que a conversa seja positiva. Considere, a partir disso, se ajudaria se você colocasse maior foco em seu produto do que em seu insumo.

Variações Um telefonema (ou mesmo uma série de e-mails) é melhor do que nada, mas nada supera uma conversa face-a-face.

Controle físico	✪✪
Controle emocional/espiritual	✪✪✪✪
Defesa	✪✪
Divertimento	✪✪✪

5.20 Tapinha nas costas

Preparação: Nenhuma.
Tempo de duração: Dois minutos.
Recursos: Nenhum.
Freqüência: Regularmente.

Alguns de nós somos muito bons em dar um tapinha nas costas das outras pessoas quando fazem alguma coisa certa – e é uma excelente coisa a fazer, porque com alguma sorte, eles retornarão o cumprimento. Receber pequenos tapinhas regulares nas costas interrompe a formação da sensação de que você não é valorizado e, por conseguinte, a formação do estresse.

Algumas vezes, no entanto, ninguém vai dar o tapinha nas suas costas. Pode ser que aqueles que devessem fazê-lo estejam muito ocupados, ou simplesmente não sejam muito bons em dizer às pessoas o quão bem fizeram seu trabalho (se for este o caso, tente encontrar meios de bater nas costas deles, como um estímulo). Pode ser que não haja ninguém lá para fazer isso para você. Se assim for, não se envergonhe de dar a si mesmo um tapinha nas costas.

Quando algo vai bem, grite "Sim!" e dê um soco no ar, conduza a si mesmo em uma viagem através dos benefícios, aqueça-se na glória, compre para si mesmo um pequeno presente, talvez – alguma coisa desde uma barra de chocolate, um almoço agradável até um tipo de brinquedo que lhe agrade.

Feedback Muitos de nós ficamos presos pela consciência de que não sabemos ser objetivos e, de qualquer forma, não devemos soltar fogos para nós mesmos. Quando não existir ninguém mais para soltar fogos, não se acanhe – grande parte do estresse é vencido pelo fato de estarmos sob controle, e controle inclui a capacidade de deleitar-se com nosso sucesso. Veja *Porque eu mereço* (5.35), para maiores detalhes sobre como desenvolver a auto-estima.

Resultado Não precisa ser muito mais do que dizer a si mesmo "Isto foi, sem dúvida, ótimo" e entregar-se ao prazer de um grande sorriso, no entanto, psicologicamente, o impacto é considerável. Bata em suas próprias costas com maior freqüência – você sabe que merece.

Variações Nenhuma.

Controle físico	✪✪
Controle emocional/espiritual	✪✪✪✪
Defesa	✪✪
Divertimento	✪✪✪✪

5.21 Não faça isso

Preparação: Nenhuma.
Tempo de duração: Cinco minutos.
Recursos: Nenhum.
Freqüência: Várias vezes.

Este exercício pode parecer esquisito, mas dê a ele uma chance. Ser negativo induz ao estresse. Quanto mais você derruba as coisas, critica (de forma destrutiva) e coloca fatores negativos, mais você se leva ao estresse. Parece que o cérebro é um tanto bloqueado e tem dificuldade de distinguir entre processos mentais e físicos. Quanto mais você pensa e se comunica de maneira negativa, mais você entra em estresse.

Da próxima vez que estiver tendo uma conversa agressiva, recue e monitore as palavras. São os negativos óbvios (não, negativo, pare), os comandos (deve, será, deveria, faça isso) e os depreciadores (idiota, estúpido, burro) que você precisa reter. Quanto mais os utiliza, mais o seu cérebro se torna convencido de que você está se conduzindo a uma ameaça, e aciona os mecanismos do estresse. Isto não significa que você deva concordar com tudo, mas tente falar e pensar de modo mais aberto. Não diga aos outros que não podem fazer X, pergunte se já pensaram em fazer Y. Não diga que deveriam fazer A, ao invés disso, indique que poderiam fazer A. Encontre coisas para elogiar ao invés de para criticar.

Feedback É claro, você não pode sempre evitar o negativo. Além de qualquer outra coisa, dizer tudo positivamente desperdiçaria a riqueza da língua portuguesa. Este exercício possui um título com uma frase negativa – mas me preparei para pegar o estresse por você. O ponto é preferencialmente mover o sentimento geral do negativo para o positivo. Se parecer que está sendo demasiadamente bondoso para com a outra pessoa envolvida, lembre-se para benefício de quem isto se aplica – o seu. Mas, nunca se sabe, você pode obter um resultado mais construtivo.

Resultado Agir negativamente é um excelente modo de colocar-se em estresse. Passando para uma abordagem mais positiva, você pode reduzir o processo de colocar-se em estresse – e, provavelmente também, obter melhores resultados.

Variações Vale a pena repetir este exercício diversas vezes, até que se torne mais natural.

Controle físico	✪✪✪
Controle emocional/espiritual	✪✪✪
Defesa	✪
Divertimento	✪✪

5.22 Leituras medicinais

Preparação: Nenhuma.
Tempo de duração: Quinze minutos.
Recursos: Livros.
Freqüência: Diariamente.

Às vezes, acho que livros deveriam ter um rótulo com "Deve ser tomado duas vezes ao dia, ou quando surgir o estresse". Nas circunstâncias corretas, ler livros é bastante tranqüilizante. Não se trata de uma prescrição para lidar com o auge do estresse. Se você está extremamente preocupado com alguma coisa, ou agitado para entrar em ação, você não conseguirá se concentrar em um livro. No entanto, livros são ideais para o estresse crônico, quando as pequenas coisas na vida desgastam você.

A maioria de nós não lê o suficiente – em quantidade e qualidade. Ache dois intervalos durante o dia para fazer uma leitura. Em seguida, analise sua escolha de livros. Você precisa de algo que irá retirá-lo das pressões do dia-a-dia. Não procure um *best-seller* sobre pessoas deprimidas e suas vidas agonizantes. O livro não precisa ter um ritmo acelerado, mas a última coisa que você deseja é ficar deprimido. Geralmente, o gênero ficção pode ser eficaz. Afinal de contas, uma fantasia ou um assassinato provavelmente não refletirão seus problema diários. Igualmente, a não-ficção pode funcionar bem. Veja áreas como ficção sobre viagens, livros interativos sobre negócios (livros narrativos ao invés de um livro de ação como este) e biografias sobre negócios, ciências populares ou história.

Resultado Existem muitas razões para ler. Gerenciamento do estresse é apenas um componente. Às vezes, talvez em pé em um trem de passageiros superlotado, ler faz passar o tempo sem, de forma alguma, induzir ao estresse. Para obter o melhor alívio do estresse, você deve estar sentado em uma cadeira confortável, sem perturbações.

Resultado O simples fato dessa técnica ser aplicável na acumulação de pequenos estresses não significa que seja trivial. Não pare de ler.

Variações Outros meios podem ser eficazes. Não dispense a TV nem o cinema por estarem em baixa. Da mesma forma, jogos de computador podem ser bons para o alívio do estresse. Jogos de aventuras possuem um efeito similar a um livro, enquanto um jogo de ação pode elevar temporariamente os níveis de adrenalina, mas pode ser catártico em canalizar seu estresse para um inimigo claro e identificável.

Controle físico	✪✪
Controle emocional/espiritual	✪✪✪✪
Defesa	✪✪
Divertimento	✪✪✪✪

5.23 Mal-humorados

Preparação: Nenhuma.
Tempo de duração: Cinco minutos.
Recursos: Bloco para anotações, caneta.
Freqüência: Uma vez.

O mau humor é uma reação humana. Todos nós sofremos dele até um certo nível. Mas algumas pessoas podem transformá-lo em mais do que alguns minutos de irritação. No extremo, existem indivíduos que podem se manter rancorosos por anos. Este tipo de comportamento é menos formador de estresse imediato do que a agressão mas, ao longo do tempo, irá desgastá-lo até que pareça insuportável.

Gaste alguns minutos escrevendo qual a atitude que adotaria para lidar com uma pessoa mal-humorada. Se você de fato trabalha (ou convive) com alguém assim, tanto melhor. O simples fato de ter um plano pode fazer uma diferença significativa. Caso contrário, uma vez que cada coisa que a pessoa mal-humorada faz é pouco importante, torna-se fácil mantê-los sob controle. Aqui estão algumas dicas que você deve levar em consideração, se já não estiverem em seu plano:

- Mau humor é um temperamento infantil. Da mesma forma que faria com uma criança, não deixe que a raiva assuma o comando, ou retribua o mau humor. Ignore os ataques de mau humor; seja positivo quando as pessoas não estiverem de mau humor.

- Se não souber porque estão de mau humor, tente descobrir. Demandará algumas tentativas, uma vez que um componente tradicional do mau humor é negar que haja algo de errado. Utilize *Disco arranhado* (5.41).

- Se você não for bem sucedido em chamá-los à razão, explique que você não pode ajudar se não falarem com você, de modo que terá que continuar agindo como se não houvesse nada, mas gostaria de discutir sobre o assunto, como e quando desejarem.

- Realmente persista, independente de qualquer outra coisa.

Feedback Se você permitir que pessoas mal-humoradas continuem do mesmo jeito durante muito tempo, estará sendo manipulado por elas. Elas podem, de maneira aparentemente razoável, argumentar que você está exagerando se sair do sério em função de uma pequena alteração no tom de voz. Não lhes dê munição.

Resultado O mau humor parece trivial, mas pode trazer à tona um considerável nível de estresse se você estiver sujeito a ele durante um longo tempo. Combata-o.

Variações Nenhuma.

Controle físico	✪
Controle emocional/espiritual	✪✪
Defesa	✪✪✪✪
Divertimento	✪✪

5.24 Atingindo o objetivo

Preparação: Loteria da vida.
Tempo de duração: Cinco minutos.
Recursos: Nenhum.
Freqüência: Regularmente.

Embora seja possível fazer este exercício sozinho, funcionará melhor se você tiver anteriormente feito o exercício *Loteria da vida* (4.8). De maneira regular (talvez trimestralmente), verifique seus objetivos pessoais. Devem consistir de um punhado (certamente menos de dez) de realizações que você almeja no momento. Algumas delas podem ser de longo prazo, outras mais próximas. De maneira significativamente mais freqüente (talvez semanalmente), verifique seus objetivos atuais. Devem ser coisas que você esperaria alcançar em uma ou duas semanas.

Mantenha seus objetivos em algum lugar altamente visível. Eles o ajudarão a desviar-se do estresse, concentrando seus esforços nesses elementos-chave e serão ainda mais úteis se outras pessoas puderem vê-los. Elas poderão, então, ver o que é importante para você e podem conseqüentemente modificar seus comportamentos. Não se abale muito se um objetivo não for alcançado mas, se um dele for sendo sempre adiado, dê um tempo para verificar o porquê e faça alguma coisa – não tenha um objetivo que fique a cada semana sendo adiado por mais uma semana, indefinidamente.

Feedback Como uma técnica, isto é um gerenciamento de tempo fundamental. Isto preocupa a algumas pessoas, que imaginam o gerenciamento do tempo como um sistema superburocrático para pessoas cujas vidas se resumem em torno de listas. Não há dúvidas de que o gerenciamento do tempo pode se tornar burocrático, porém os aspectos básicos do gerenciamento do tempo são cruciais para manter controle de sua vida e, portanto, gerenciar seu estresse. Possuir objetivos pessoais claros é bastante diferente do gerenciamento por objetivos e outras burocracias relativas ao preenchimento de formulários.

Resultado Identificar objetivos práticos para si mesmo, em conjunto com objetivos de mais longo prazo, é um oponente bastante eficaz ao tipo de estresse que eventualmente faz com que você fique girando em círculos, correndo atrás de seu próprio rabo.

Variações Veja o Capítulo 6 para maiores informações sobre o gerenciamento prático do tempo.

Controle físico	✪
Controle emocional/espiritual	✪✪✪
Defesa	✪✪✪✪
Divertimento	✪✪

5.25 Escute bem

Preparação: Nenhuma.
Tempo de duração: Cinco minutos.
Recursos: Nenhum.
Freqüência: Regularmente.

A má comunicação é um implacável gerador de estresse, e a área de comunicação na qual somos piores diz respeito a escutar. Para melhorar nossa habilidade de escutar, comece fazendo um retrospecto em suas conversas. De maneira regular, tente monitorar exatamente o que está acontecendo. Primeiramente, verifique se você está escutando – realmente escutando e não pensando em alguma outra coisa ou naquilo que você vai dizer. Utilize dicas não-verbais, para deixar claro que você está escutando. Incline-se para adiante, utilize o contato através do olhar, mostre que escutou emitindo sons como "hum-hum". Tente não ficar irrequieto, ou movimentar-se, ou brincar com as coisas enquanto escuta.

Estranhamente, também é importante deixar que a pessoa a quem está escutando tenha o silêncio suficiente para ser preenchido. Ao mesmo tempo que as pessoas se beneficiarão de suas dicas não-verbais, falar pode algumas vezes atrapalhar. Quando houver silêncio, não se apresse em preenchê-lo, por mais tentador que possa ser. Algumas vezes, a pessoa que está falando precisa de silêncio para assimilar seus pensamentos. Dê a ela uma chance.

Finalmente, utilize suas próprias palavras para falar sobre a história delas. Utilize perguntas abertas para dar-lhes a chance de desenvolver seu tópico ao invés de perguntas fechadas que forcem uma resposta do tipo "sim" ou "não". Em pontos apropriados, repita o que pensa que ouviu, de forma que possa confirmar que vocês estão realmente se comunicando. E faça o que fizer, pareça interessado.

Feedback De início, isto pode parecer artificial, razão pela qual necessita de prática regular, mas, em breve, você será considerado um bom ouvinte. Não subestime o lado não-verbal. Aspectos como o contato através dos olhos fazem uma imensa diferença em relação ao fato de ser percebido se você está ouvindo ou não.

Resultado Tanto para você quanto para aqueles a quem está ouvindo, a capacidade de saber ouvir corta o estresse gerado por mal-entendidos e má comunicação. Você também dará à outra pessoa o benefício adicional de sentir-se valorizada, estabelecendo suas defesas contra o estresse.

Variações Nenhuma.

Controle físico	✪
Controle emocional/espiritual	✪✪✪
Defesa	✪✪✪✪
Divertimento	✪✪

5.26 | O inferno do transporte

Preparação: Nenhuma.
Tempo de duração: Dez minutos.
Recursos: Nenhum.
Freqüência: Semanalmente.

Se, da mesma forma que eu, você trabalha em casa, pode ignorar este exercício. Mas, a maioria de nós sofre da irritação gerada pelo transporte. Não se trata de uma questão de raiva do trânsito (veja *Fúria*, 5.11 para saber mais sobre diferentes formas de raiva), mas uma evolução lenta de frustração. Se você gasta no transporte uma hora a cada dia, estamos falando de um período de dez horas a cada semana que não possui nenhum valor por si mesmo. Você também é forçado a acordar mais cedo do que desejaria e pode estar perdendo tempo à noite.

Em cada final de semana, separe alguns minutos para planejar seu tempo de transporte. Um desperdício de tempo? Mas imagine quanto tempo você poderia estar utilizando. Nas primeiras sessões, você pode preferir analisar horários, rotas e transportes alternativos. Se você tem dirigido para o trabalho pelo mesmo caminho todos os dias durante dez anos, tente um outro caminho. Principalmente, no entanto, imagine como você pode tornar valioso aquele tempo desperdiçado. Se estiver em um trem, pode fazer quase qualquer coisa. Em um carro, você está mais limitado, mas existe uma quantidade imensa de coisas que podem ser feitas com fitas cassete. Não está com tempo para freqüentar um curso? Tenha um em seu carro. Quer saber mais sobre música clássica mas não tem tempo? Você tem muito tempo.

Feedback O objetivo central dessa abordagem é aumentar o valor do tempo que você gasta no transporte, tornando-o valioso e, portanto, livre de estresse. No entanto, existe um benefício secundário para aqueles dias em que você fica preso em um engarrafamento de trânsito, ou quando os trens estão em atraso. Dando ao transporte um benefício intrínseco, você pode considerar uma desgraça menor quando tiver que passar mais tempo nele.

Resultado Se você gasta tempo no transporte, fica a seu critério ir além dos livros comuns ou da mesma estação de rádio. Fazendo de seu tempo de viagem algo útil, você pode reduzir dramaticamente suas propriedades de geração de estresse.

Variações Nenhuma.

Controle físico	✪✪
Controle emocional/espiritual	✪✪✪
Defesa	✪✪✪
Divertimento	✪✪✪

5.27 | Brinque!

Preparação: Nenhuma.
Tempo de duração: Dez minutos.
Recursos: Nenhum.
Freqüência: Regularmente.

Brincar é uma técnica valiosa que ameniza o estresse bem naturalmente. É triste que percamos muito de nossa capacidade de brincar à medida que crescemos, quando precisamos disso mais do que nunca. Este exercício não é sobre esportes – na verdade, a maioria dos esportes não é uma brincadeira, no sentido de ser divertido e desestruturado. Brincar certamente pode estar relacionado ao riso (veja *Ria!*, 5.7), mas neste caso o riso é um componente secundário daquilo que está acontecendo.

Ache alguma forma de brincar na qual você possa ficar totalmente descontraído. Pode ser brincando com jogos de computador ou jogos de tabuleiro ou jogos tolos de festas. Pode ser imaginando um mundo de fantasia no metrô, ou tentando não pisar nas divisões da calçada, ou dizendo alguma coisa engraçada toda vez que passar por alguém de cabelo vermelho. Apenas brinque.

Feedback Essas brincadeiras podem ser feitas muito bem em qualquer hora do dia (especialmente os tipos que não envolvem tecnologia) e podem durar alguns minutos ou horas. A grande coisa sobre brincar é não somente o fato de estar pondo de lado todos os seus fatores de estresse de todos os dias, mas o fato da atividade na qual está envolvido não ser decididamente importante. Não importa o que aconteça, é só uma brincadeira.

Algumas pessoas acham difícil ver de que forma brincar com um computador se adapta a esta descrição. O tipo certo de brincadeira é um excelente candidato. Tem que ser algo que você curta e, mais importante, para um único jogador. Sim, você pode ficar envolvido, até mesmo excitado enquanto joga, mas, no fundo, sabe que não importa nem um pouco. Esta é a razão pela qual trata-se de uma técnica muito diferente do esporte, que é valioso como exercício físico mas pode gerar estresse em si mesmo, porque o resultado é mais importante. Novamente, jogos com múltiplos jogadores não são tão eficazes porque outras pessoas dependem de você e podem ver como você se sai.

Resultado Todos deveríamos nos entregar à brincadeira com mais freqüência. É um grande amenizador de estresse.

Variações Nenhuma.

Controle físico	✪✪
Controle emocional/espiritual	✪✪✪
Defesa	✪✪✪✪
Divertimento	✪✪✪✪

5.28 Relaxando através dos números

Preparação: Nenhuma.
Tempo de duração: Cinco minutos.
Recursos: Um lugar quieto.
Freqüência: Ocasionalmente.

Se a vida tem estado pesada, tente um relaxamento sistemático. Não precisa demorar muito, mas você realmente precisa de algum lugar quieto para que possa deitar-se ou sentar em um cadeira confortável. Feche seus olhos, recoste-se e relaxe. Tente limpar sua mente de todos os pensamentos.

Agora, concentre sua atenção em partes de seu corpo, trabalhando desde sua cabeça até os dedos do pés. À medida que se concentra em cada parte do corpo, tensione e relaxe os músculos algumas vezes, mantendo-os retesados por alguns segundos e, em seguida, relaxando-os com uma respiração longa e lenta. Tente manter sua concentração na área que você está exercitando – não deixe seus pensamentos desviarem-se para problemas ou preocupações.

Quando tiver trabalhado todo o corpo, fique imóvel, respire lentamente e mantenha-se o máximo possível com a mente limpa de pensamentos por um minuto ou mais. Enquanto faz isso, mantenha seus músculos o mais relaxados quanto seja possível. Quando tiver terminado o exercício, não dê um salto para levantar-se, mas abra seus olhos e levante-se lentamente.

Feedback É interessante que uma técnica muito similar seja utilizada no livro da coleção *Poder Imediato da Mente*, como um modo de melhorar sua capacidade de visualização – uma parte importante do gerenciamento do conhecimento. Naquele caso, à medida que você vai trabalhando ao longo do seu corpo, está em visualização, porém, o componente importante que é a sensação paralela de relaxamento.

Resultado Embora essa técnica exija um refúgio de seu mundo de estresse, pode ser realizado bem rapidamente e é uma boa defesa quando as coisas estão pesando em você.

Variações Você pode combinar este exercício com um exercício respiratório, como aquele em 5.17.

Controle físico	✪✪✪✪
Controle emocional/espiritual	✪✪✪
Defesa	✪✪
Divertimento	✪✪✪

5.29 Eu concordo

Preparação: Nenhuma.
Tempo de duração: Cinco minutos.
Recursos: Nenhum.
Freqüência: Ocasionalmente.

Não há dúvidas de que outras pessoas podem ser particularmente causadoras de estresse. Às vezes, uma ilha deserta soa atraente. Uma determinada causa de estresse ocorre quando alguém tem alguma coisa sobre o que reclamar. É ainda pior se elas forem também agressivas. Você pode quase sentir o medidor de estresse ir se elevando à medida que elas apontam o dedo em direção a seu nariz.

Esta técnica é particularmente útil quando se lida com esse tipo de pessoa. Assumindo que você não deseja concordar com tudo o que dizem e render-se inteiramente (pode ser apropriado – caso o seja, vá em frente), encontre alguma parte do argumento com a qual possa concordar e enfatize sua concordância. Não responda diretamente às suas reclamações, apenas confirme o quanto você concorda com elas.

Por exemplo, digamos que você estivesse lidando com uma consumidora que diz ser cliente há 20 anos e está realmente aborrecida com o que havia acontecido e deseja uma indenização. Você não tem nenhuma intenção de pagar a indenização, portanto ajude a remover o estresse da situação dizendo: "Sim, posso ver que isto a aborrece bastante, especialmente quando se trata do fato da senhora ser cliente há tanto tempo".

Feedback Esta técnica não se aplica apenas a uma situação cliente/vendedor, mas a qualquer situação na qual você possa ter um Sr(a). Zangado(a) que deseja reclamar. Trata-se de um caso especial de *Lidando com o confronto* (5.2). A resposta deles pode ser, "Está tudo muito bem, mas o que você vai fazer a respeito?", e nesse estágio, continuar a dizer "Eu compreendo o quanto isto é desagradável" irá apenas irritá-los. No entanto, em muitos casos, a natureza aliviadora de estresse de concordar será tal que você poderá chegar a um acordo antes que surja a oportunidade de revidar.

Resultado Reduzir o nível de raiva em um confronto irá aumentar as chances de chegar a um acordo – e irá reduzir o estresse ao qual você está sujeito.

Variações Se você não tiver ninguém zangado com você agora, parabéns. Tente pegar um amigo para fazer uma simulação.

Controle físico	✪
Controle emocional/espiritual	✪✪
Defesa	✪✪✪
Divertimento	✪✪

5.30 Você não pode carregá-lo consigo

Preparação: Nenhuma.
Tempo de duração: Dez minutos.
Recursos: Nenhum.
Freqüência: Uma vez.

Identificamos que o estresse geralmente surge a partir de uma falta de controle e de auto-estima. Uma manifestação clássica disso é quando seu trabalho entra em sua vida doméstica. Você leva trabalho para casa? Você trabalha em seus dias livres? Você precisa fazer alguma coisa a respeito. Trata-se tanto de uma questão de obter um relaxamento como de dar uma chance a todas essas excelentes técnicas de gerenciamento de estresse.

Em primeiro lugar, livre-se de sua pasta, ou pelo menos não a traga para casa. Se tiver que levar coisas de casa para o trabalho e vice-versa (seu almoço, digamos), faça isso em uma bolsa ou recipiente que não lembre em nada o trabalho. Em segundo lugar, examine exatamente o porquê de você estar trazendo coisas para casa. Não engane a si próprio achando que trazendo seu trabalho para casa, você esteja conseguindo um melhor relacionamento com sua família. Não fica bem para as crianças se você ficar o tempo todo dizendo a elas que fiquem quietas porque você está trabalhando, e isso fará com que você fique ainda mais em estresse.

Finalmente, se existe um projeto especial em curso, que exija que você faça algum trabalho durante os finais de semana (não deve ser o normal), vá até o trabalho para fazê-lo. A atmosfera no local de trabalho em horários de folga é bem mais relaxada, e você terá mantido a separação entre trabalho/casa.

Feedback Este é um outro exemplo dos benefícios do gerenciamento do tempo para o gerenciamento do estresse. Não basta apenas não trazer trabalho para casa, sem fazer nada a respeito do gerenciamento de seu tempo, uma vez que isso só irá levar de volta o estresse para o local de trabalho. Veja o Capítulo 6 sobre o outro livro da série *Gerenciamento do Tempo* e outros livros sobre gerenciamento do tempo.

Resultado Proteger sua vida no lar dos excessos do trabalho é um ótimo modo de reduzir o impacto do estresse e dá a você mais oportunidades de se recuperar.

Variações Nenhuma.

Controle físico	✪✪
Controle emocional/espiritual	✪✪✪
Defesa	✪✪✪✪✪
Divertimento	✪✪

5.31 | Vida no café-bar

Preparação: Nenhuma.
Tempo de duração: Quinze minutos.
Recursos: Nenhum.
Freqüência: Ocasionalmente.

Uma das citações favoritas do mais filosóficos dos personagens, Wellington, nos quadrinhos *Perishers* do antigo jornal britânico *Daily Mirror* era "O que é a vida, cheia de cuidados, se não temos tempo de parar e admirá-la?" Este pequeno trecho do poema *Leisure* (Lazer) de W. H. Davies não é um lema ruim para este específico exercício.

De vez em quando vá até um café-bar – de preferência com mesas na calçada. Sente-se com uma xícara de sua bebida preferida e veja o mundo passar. Desligue seu celular, não deixe que sua vida profissional ou familiar se intrometam, apenas capte o ambiente à sua volta e entregue-se ao prazer de admirar um pouco as pessoas.

Este exercício não demorará muito e irá compensar bastante o tempo, então esteja preparado para fazê-lo durante o horário de trabalho se seu chefe não se importar. Se você puder fazer um intervalo para o café, longe de sua mesa, faça-o.

Feedback Esta técnica requer um grau de imediatismo. Se você tiver que pegar um carro e dirigir até o café-bar, terá reduzido a eficácia. Preferencialmente, o local deve estar a uma distância relativa a uma caminhada de menos de cinco minutos. Se isto não for praticável quando você estiver no trabalho, tente encaixar ocasionalmente quando estiver fazendo compras. Se você tiver sorte suficiente de trabalhar em um edifício que tenha café-bares na calçada interna, tanto melhor.

Para tirar proveito deste exercício, você precisa estar sozinho. Se estiver trabalhando perto do café-bar (ou se ele for no seu local de trabalho), pode ser que existam pessoas que venham se juntar a você para conversar – está bem, não as mande embora, mas tente novamente numa outra hora. Da mesma forma, você realmente precisa fazer as compras sozinho para obter o impacto.

Resultado Não somos muito bons em relaxar, mas esta é uma das poucas circunstâncias nas quais a maioria de nós pode facilmente se soltar.

Variações Nenhuma.

Controle físico	✪✪
Controle emocional/espiritual	✪✪✪✪
Defesa	✪✪✪
Divertimento	✪✪✪✪

5.32 Fuja

Preparação: Nenhuma.
Tempo de duração: Cinco minutos.
Recursos: Nenhuma.
Freqüência: Uma vez.

Você precisa tirar férias. Vamos dizer novamente caso não tenha entendido a questão: você precisa tirar férias. Se você geralmente diz com enorme prazer "Sempre adio minha folga para o ano seguinte", então você não está ajudando a si mesmo ou à empresa. É raro que qualquer pessoa seja tão indispensável a ponto da ausência de alguns dias fazer diferença.

Umas boas férias para aliviar o estresse oferecem uma total alteração de ritmo, de desgaste (tanto mental como físico) e de estresse. Evite férias que sejam, por si mesmas, geradoras de estresse. Se seu trabalho envolve dirigir, não pense que um passeio turístico dirigindo pelo país seja o melhor tipo de férias (embora a inexistência de compromisso ajude). O tipo de férias favorito para aliviar o estresse são aquelas nas quais o ritmo é desacelerado. Por exemplo, viajar de barco por um rio, no qual você não possa passar do ritmo de uma caminhada, são esplêndidas férias para se soltar. Não deixe de ter pelo menos uma semana livre – você precisa desse tempo para realmente se desligar. Gaste alguns minutos para pensar nisso e agende uma folga de uma semana nos próximos seis meses. Então, atenha-se a elas.

Feedback Quando você sair de férias, não tenha a tentação de levar seu telefone celular ou seu laptop com você.

Recentemente, recebi um e-mail de um colega que estava de férias com sua família. Quando sugeri que largasse seu laptop, ele disse que o estava utilizando somente enquanto o resto de sua família estava lendo no quarto do hotel. Não basta. Mantenha um elo físico com o mundo do trabalho e todas as pressões psicológicas irão fluir através dele. Não utilize e-mails – leia um livro, explore o lugar ou vá nadar.

Resultado Uma folga total é um tônico garantido para refrescar aquelas baterias. Às vezes, parece que os benefícios se perdem assim que você retorna ao trabalho, mas em termos de alívio do estresse, você terá feito maravilhas.

Variações Nenhuma.

Controle físico	✪✪
Controle emocional/espiritual	✪✪✪✪
Defesa	✪✪✪✪
Divertimento	✪✪✪✪

5.33 O caminho espiritual

Preparação: Nenhuma.
Tempo de duração: Quinze minutos.
Recursos: Nenhum.
Freqüência: Uma vez.

Quinze minutos é um pouco rápido para alcançar uma iluminação espiritual, mas este exercício diz respeito a examinar suas opções. O restante irá levar mais tempo, muito provavelmente o resto de sua vida, mas ter um começo pode causar um impacto imediato.

Ter uma base espiritual na qual confiar é muito valioso no gerenciamento do estresse. Coloca os problemas causadores de estresse em sua dimensão e age como uma fonte de energia interna. Isto não ajudará a todas as pessoas, mas dadas as estatísticas que demonstram que a maior parte das pessoas possui alguma crença religiosa, por mais informal que seja, pode ser que você possua um recurso que não esteja sendo utilizado. Gaste alguns minutos pensando sobre aquilo no qual acredita ou gostaria de saber mais a respeito. A maior parte das religiões fornece informações e cursos – avalie a possibilidade de examinar uma ou mais abordagens para o gerenciamento espiritual do estresse.

Feedback Questões espirituais são difíceis de serem abordadas em um livro sobre negócios. Além de qualquer outra coisa, a convenção dos meios de comunicação é assumir que religiões são inteiramente não-realistas, ao mesmo tempo que assuntos como astrologia possuem o benefício da dúvida. Isto se opõe surpreendentemente ao método adotado por cientistas, que de forma nada animosa tratam a astrologia como não tendo nenhuma base, mas freqüentemente possuem uma crença religiosa, ou desejam considerar o assunto como não comprovado. Até há alguns anos, era assumido com freqüência que adquirir paz espiritual envolvia seguir uma prática do extremo-oriente, porém as religiões ocidentais e do oriente médio oferecem um melhor gerenciamento do estresse combinando um foco externo com tradições de meditação igualmente fortes. Se estiver em dúvida, o melhor guia é provavelmente iniciar descobrindo mais sobre a religião predominante em sua própria cultura ao invés de sair buscando algo exótico.

Resultado Ninguém vai aderir a uma religião apenas para atingir o gerenciamento do estresse. No entanto, ao dar uma chance à curiosidade religiosa que a maioria de nós sente, para libertar-nos por um tempo do reino da racionalidade, existe uma oportunidade de explorar os benefícios aliviadores de estresse de uma crença religiosa.

Variações Nenhuma.

Controle físico	✪
Controle emocional/espiritual	✪✪✪✪
Defesa	✪✪✪
Divertimento	✪✪

5.34 Rebatendo a burocracia

Preparação: Nenhuma.
Tempo de duração: Dez minutos.
Recursos: Nenhum.
Freqüência: Ocasionalmente.

A burocracia é uma causa regular de estresse. Quase toda a burocracia começou inocentemente, mas a tarja vermelha estrangula os objetivos causando um emaranhado indutor de estresse. Tente uma sessão de rebatimento do estresse. Pode ser realizada individualmente ou em uma reunião de grupo. Identifique os itens da burocracia que lhe causam mais estresse e veja o que pode fazer a respeito. A atitude que você pode tomar depende de sua posição na empresa e do que acontece em relação ao resultado da burocracia. Estas são, em princípio, as opções:

- Não faça nada – geralmente, nos sistemas burocráticos, nada é feito com o resultado. O que aconteceria se você simplesmente não fizesse nada.
- Faça do seu jeito – pode ser que você consiga preencher os requisitos do resultado da burocracia sem passar pelos processos exigidos.
- Pegue uma outra pessoa para fazer – isto pode ser especialmente útil se alguém estiver tentando impor a burocracia a você. Empurre-a de volta para essa pessoa.
- Trabalhe para o sistema – obtenha os resultados que deseja ao invés daqueles para qual o sistema foi projetado.
- Conscientize os níveis superiores da empresa quanto à inadequação do sistema.
- Sugira alternativas menos burocráticas.

Feedback É possível livrar-se da burocracia em uma grande escala. Veja a descrição de Ricardo Semler sobre isso em seu livro *Maverick!* (veja o Capítulo 6).

Resultado A mera falta de objetividade da burocracia é deprimente e indutora de estresse. Rebater a burocracia é uma ferramenta valiosa para sobreviver ao estresse inerente aos negócios.

Variações Nenhuma.

Controle físico	✪
Controle emocional/espiritual	✪✪
Defesa	✪✪✪✪
Divertimento	✪✪✪

5.35 | Porque eu mereço

Preparação: Nenhuma.
Tempo de duração: Cinco minutos.
Recursos: Nenhum.
Freqüência: Uma vez.

A auto-estima é vital no gerenciamento do estresse. Acreditar que você é valioso e dar a si mesmo algum tempo e espaço age contra a situação gigantescamente indutora de estresse na qual muitas pessoas se encontram em virtude da falta de controle. É particularmente importante se você tiver outras pessoas que sejam bastante dependentes de você – filhos, parentes próximos, amigos.

Gaste cinco minutos pensando sobre a forma como sua semana encontra-se dividida entre fazer coisas para os outros e realizar coisas que você realmente deseja. Você poderá encontrar uma assustadora falta de tempo para si mesmo. Em parte, isto refere-se ao gerenciamento de tempo (veja o Capítulo 6 para livros que podem ajudar) – mas também trata de valorizar-se a si mesmo. Não deixe de ter algum tempo em sua semana que seja seu para fazer o que desejar. Isto é particularmente importante se você trabalhar por conta própria.

Feedback Um aviso: a tendência na última metade do século XX era o movimento crescente para um mundo concentrado em si mesmo. As pessoas deixavam suas famílias para "encontrarem-se a si mesmas" ou ignoravam responsabilidades na busca pelo prazer. Existe agora algo como um retrocesso, uma vez que o custo desse comportamento para o ser humano tem sido a infelicidade pelo rompimento dos valores sociais e a percepção de que a busca pelo sucesso, unicamente por si mesmo, não é particularmente compensatório. Ao procurar o alívio para o estresse, você precisa ganhar mais espaço para si mesmo, mas também precisa olhar para fora, da mesma forma que para dentro. O que é necessário aqui, da mesma forma que com tanta freqüência no alívio do estresse, não é colocar a si mesmo acima de tudo, mas alcançar um equilíbrio.

Resultado Encontrar algum tempo para ser você mesmo, e fazer o que deseja, é uma grande oportunidade para o alívio do estresse. A maioria de nós está fora de equilíbrio nesse sentido. Mas lembre-se da necessidade de olhar também para fora de si mesmo.

Variações É fácil achar desculpas para não encontrar algum tempo para si mesmo – afinal de contas, você é uma pessoa tão ocupada. Não encontre desculpas.

Controle físico	✪
Controle emocional/espiritual	✪✪✪✪
Defesa	✪✪✪
Divertimento	✪✪✪

5.36 Despache por e-mail

Preparação: Nenhuma.
Tempo de duração: Dois minutos.
Recursos: E-mail.
Freqüência: Regularmente.

O e-mail pode ser uma grande ferramenta para o gerenciamento do estresse. Imagine-se como se estivesse no meio da redação de um importante relatório. A pressão está ativada; você tem muito pouco tempo. De repente, você se lembra que não organizou o material para a reunião de amanhã. Isso exerce estresse por todo o tempo – em dobro, se você finalmente se esquecer e não fizer nada a respeito.

Uma maneira de aliviar esse estresse é escrever uma nota para si mesmo – mas existe ainda assim um problema. Você tem que se lembrar de ler a nota. Novamente, existe um pensamento perturbador, atrapalhando seus pensamentos e adicionando estresse. No entanto, se você tiver um mecanismo de e-mail sempre à mão para ser enviado, em poucos segundos você pode pegar seu pacote de e-mails, escrever uma nota para alguém que faça o trabalho e enviá-lo. Então, você pode voltar a seu relatório sem que nada lhe cause mais estresse.

Deixe seu e-mail ativado por todo o tempo e quando surgir uma necessidade, corra rapidamente para ele, envie o e-mail e livre-se da preocupação.

Feedback Se você deseja que o e-mail alivie o estresse ao invés de causá-lo, deve ter controle sobre seu e-mail. Muitas pessoas em ambientes corporativos possuem pacotes de e-mail ajustados de forma que os alertem para quando chega um e-mail. Esta é uma receita para o estresse, uma vez que cada e-mail que chega interrompe sua concentração. Quando você descobre que se tratam de e-mails sem valor, coloca-se duplamente em estresse pela ansiedade e pela decepção.

Resultado É costume utilizar o e-mail para besteiras, porém, utilizado com este objetivo, é uma excelente ferramenta para aliviar o estresse relativo a pensamentos súbitos sobre algo que precisa ser feito.

Variações Nenhuma.

Controle físico	✪✪
Controle emocional/espiritual	✪✪
Defesa	✪✪✪✪
Divertimento	✪✪

5.37 Caminhadas!

Preparação: Encontrar o local.
Tempo de duração: Quinze minutos.
Recursos: Calçado adequado.
Freqüência: Regularmente.

Dê uma caminhada. Final da técnica.

Bem, quase. A maioria dos exercícios físicos fornece um bom alívio do estresse, mas caminhar possui uma elevada graduação na contagem de pontos. Não se trata de uma desafio – qualquer pessoa pode fazê-lo – não faz com que você pareça esquisito, como a maioria dos exercícios, e não é entorpecedoramente enfadonho.

Se possível, ande por onde você possa absorver o alívio natural do estresse do campo (ou, pelo menos, de um parque) – o ar fresco, o verde, a ausência de tráfego. Mas se você não puder ir até o campo, pelo menos saia e absorva o que está à sua volta. Lembre-se de utilizar um calçado adequado – tênis pode não ser o seu estilo, mas é muito melhor do que sapatos sociais.

Feedback Existem dois métodos para a caminhada aliviadora do estresse. Você pode deliberadamente manter todos os seus pensamentos de lado ou deixá-los fluir normalmente. No primeiro método, concentre-se nos arredores. Não deixe seus pensamentos voltarem para o escritório. Imagine que você seja um artista, escritor ou compositor e deseja capturar o ambiente à sua volta – absorva-os, profundamente e superficialmente. Se existirem pessoas à sua volta, volte sua atenção para elas (de maneira não demasiadamente óbvia) – todos são interessantes.

O método alternativo é capturar o que seja que possa estar passando por sua cabeça naquele exato momento. O grande problema no trabalho ou em casa. Apenas deixe o problema e quaisquer fatos que o cerquem salpicarem em sua mente. Não faça um grande esforço para encontrar uma solução – deixe as coisas acontecerem em seu próprio ritmo.

Resultado Caminhar dá a você o triplo benefício do exercício, do ar fresco e de uma oportunidade para sua mente funcionar de um modo muito diferente. Como um bônus adicional, é uma defesa contra fatores de estresse, porque você está geralmente fora de alcance (não leve seu celular). Faça com que isso aconteça.

Variações Quinze minutos é o mínimo considerável que você deve ser capaz de fazer diversas vezes por semana – meia hora seria ainda melhor.

Controle físico	✪✪✪✪
Controle emocional/espiritual	✪✪✪
Defesa	✪✪✪
Divertimento	✪✪✪

5.38 | Compartilhando tarefas

Preparação: Nenhuma.
Tempo de duração: Cinco minutos.
Recursos: Nenhum.
Freqüência: Ocasionalmente.

Gaste um minuto ou dois pensando sobre uma série de dias típicos. Analise atividades regulares que você não gosta, mas sempre acaba fazendo. Essas tarefas podem ser em casa (levar as crianças pela manhã, lavar a louça, passar roupa, colocar o lixo para fora) ou no trabalho (receber a correspondência, arrumar, molhar as plantas).

Veja maneiras através das quais você pode compartilhar mais essas tarefas. Às vezes, pode se tratar apenas de uma questão de trocar tarefas – fazer a tarefa de alguém que pode ser surpreendentemente agradável em comparação a fazer sua própria tarefa. Pode ser necessário renegociar sua divisão de trabalho, mas se for este o caso, faça-o de forma positiva e leve. Qualquer tentativa de colocar como uma cobrança de direitos está sujeita a induzir a todos de modo errado.

Feedback A divisão de uma determinada tarefa não precisa ser igual. Pode ser que você até goste do trabalho independentemente de sua natureza trivial, mas não deseje fazê-la o tempo todo. Neste caso, ter concedida uma folga surpresa a cada número eventual de semanas pode ser tão benéfico quanto um rodízio, e muito menos burocrático.

Às vezes, se você é o único fazendo a parte ruim do serviço, isto pode ocorrer porque sua visão daquilo que seja importante não se ajuste com a visão de todas as outras pessoas. Se for este o caso, tente deixar de fazê-lo. Se acha que pode ficar sem ele, ótimo. Se outras pessoas sentirem a falta, encoraje-as a juntarem-se a você para fazê-la, de agora em diante.

Resultado Tarefas são pequenas atividades que não parecem particularmente significativas. No entanto, se for constantemente suposto que você irá fazer a parte ruim do serviço, irá achá-la deprimente e causadora de estresse. Compartilhar as tarefas com pessoas à sua volta faz muita diferença.

Variações Você poderia utilizar um rodízio e, às vezes, isto é inevitável, mas tente primeiramente trabalhar sem ele. Poucas pessoas gostam da rigidez de um rodízio – mantenha-o para situações nas quais a tarefa não poderá ser realizada de outra maneira.

Controle físico	✪✪
Controle emocional/espiritual	✪✪✪
Defesa	✪✪✪
Divertimento	✪✪

5.39 Durma!

Preparação: Nenhuma.
Tempo de duração: Cinco minutos.
Recursos: Nenhum.
Freqüência: Uma vez.

Você precisa apenas falar com alguém que tenha tido um bebê pela primeira vez para perceber o quão indutor de estresse pode ser o fato de ficar sem dormir. Estamos todos conscientes do tempo limitado que existe para viver uma vida e queremos sugar até a última gota. Está ótimo, mas o sono insuficiente é um indicador certeiro para o estresse.

Este exercício refere-se a levar um pouco de tempo pensando sobre seu padrão de sono e o que você pode fazer a respeito. Se você tem variações regulares em seu padrão de sono, correspondentes a mais de uma hora por dia, é provável que você tenha problemas. Mas uma coisa é prescrever o sono (e somente você é capaz de determinar do quanto necessita) e outra coisa é conseguir obtê-lo.

Existem técnicas mentais e físicas para auxiliar. Tenha certeza de não estar tentando lembrar-se de algo quando for dormir. Se algo que precise fazer no dia seguinte está lhe importunando, tome nota, mesmo que isso signifique levantar da cama. Não tente ir dormir logo após uma forte discussão – relaxe primeiro. Se algo está girando em torno da sua cabeça, sente-se e coloque-a para fora, não tente forçar-se ao sono. Quando de fato for para a cama, utilize uma imagem mental tranqüila, calma, para ajudá-lo a deixar-se levar pelo sono. Algumas pessoas acham que uma bebida morna, não-estimulante ajuda. Da mesma forma, um banho morno, seguido por uma cama quentinha

– mas verifique que o banho não esteja muito quente, uma vez que irá estimular ao invés de relaxar.

Feedback Se você está tendo problemas para conseguir dormir, tente exercícios mentais e de relaxamento antes de recorrer a medicamentos. Pílulas para dormir raramente representam uma resposta eficaz.

Resultado Privar-se de dormir acumula estresse sobre estresse até que você chegue quase à loucura. Se deseja ter o sono que precisa para sentir-se bem, ao invés do sono que pode ter, estará dando uma base para todos os outros esforços no sentido de gerenciar o estresse.

Variações Nenhuma.

Controle físico	✪✪✪✪
Controle emocional/espiritual	✪✪✪
Defesa	✪✪
Divertimento	✪✪

5.40 Eu fiz isso

Preparação: Nenhuma.
Tempo de duração: Dez minutos.
Recursos: Caderno.
Freqüência: Uma vez.

Como vimos em várias outras técnicas, existe uma forte ligação entre a auto-estima e a capacidade de gerenciar adequadamente o estresse. Este exercício trata exatamente da auto-estima.

Sente-se, pegue um caderno e anote algumas das ocasiões em que você teve um verdadeiro sucesso em sua vida. As coisas que são importantes para você ou coisas que sejam importantes para o mundo. Pode ser um sucesso em exames ou provas escolares, obter um emprego, casar-se, ter filhos, a primeira vez que foi bem sucedido em alguma coisa que era difícil de conseguir (dirigir um carro ou ganhar de alguém no jogo de xadrez). Em um certo sentido, essas conquistas não precisam ser grandes, pelo menos não em um sentido avassalador, mas precisam ser significativas para você. Pequenos sucessos também servem – veja *Pequenos sucessos* (5.1) para maiores detalhes.

Feedback Quando tiver juntado uma lista de sucessos – não importa se se trata de um ou dois ou de uma longa carreira deles – gaste algum tempo pensando no modo como se sentiu naquele momento. Reviva o momento em que percebeu que tinha obtido êxito. Não se sinta culpado pelo fato de regozijar-se com o sucesso; você merece. Lembre-se de que um momento de sucesso exerce uma influência surpreendentemente grande sobre seu sentimento presente de bem-estar.

Resultado Trabalhando sua auto-estima você pode agregar muito à sua capacidade de enfrentar o estresse e desviar-se dele. Todas as evidências mostram que aquelas pessoas com um alto nível de auto-estima são mais capazes de lidar com o estresse – aqui está um modo simples de reforçar sua auto-estima. Não se preocupe se parecer artificial, ainda assim funciona.

Variações Você pode repetir este exercício, talvez uma vez por ano, fazendo um retrospecto sobre suas conquistas do ano anterior.

Controle físico	✪
Controle emocional/espiritual	✪✪✪✪
Defesa	✪
Divertimento	✪✪✪

5.41 Disco arranhado

Preparação: Inventar o cenário.
Tempo de duração: Cinco minutos.
Recursos: Um coadjuvante.
Freqüência: Uma vez.

Todos nós já passamos por isso. Você sabe que está certo, mas a pessoa com quem está falando simplesmente não cede. Você quase consegue sentir a fumaça sair de dentro do seu colarinho. Imagine uma situação na qual tenha que reclamar de alguma coisa. Convença um colega a agir como um coadjuvante ao tentar este cenário. O objetivo dele é contrapor-se a seu pedido. Por exemplo, você pode estar tentando devolver um produto danificado e exigindo uma reposição, ou solicitando um reembolso em um restaurante. Utilize a técnica tradicional da afirmativa do "disco arranhado". Simplesmente repita seu pedido como resposta para qualquer coisa que o coadjuvante diga. Não leve muito tempo, mas demore de forma significativamente maior do que o fator de conforto possa permitir.

Feedback Esta técnica é um tanto arriscada, uma vez que existe a possibilidade de fazer com que a outra pessoa fique irritada e, portanto, possa acarretar, ao invés de reduzir, o estresse. Não deixe de manter a repetição de seu pedido em voz baixa e amigável. Incline a cabeça afirmativamente, concorde, diga "Sim, compreendo" como resposta para as ponderações da outra pessoa por não atender àquilo que solicitou – e, então, solicite novamente. Esta técnica é mais proveitosa quando feita face a face; é muito fácil para a outra pessoa simplesmente desligar o telefone. Se achar muito difícil, pratique um pouco mais – torna-se relativamente fácil e pode, até ser divertido.

Resultado É surpreendente a freqüência com que essa técnica reduz gradualmente a resistência e gera um resultado. Não é uma técnica que você vá utilizar com demasiada freqüência, ou em algum lugar no qual você seja um visitante habitual, mas pode, às vezes, ser muito eficaz.

Variações Se existe uma razão autêntica para praticar esta técnica, o tanto melhor. Pode ser no tipo de cenário utilizado neste caso (reclamação) ou quando você está tentando obter informações de uma fonte renitente. Uma variação parecida é manter o mesmo pedido, mas colocá-lo de forma diferente a cada vez.

Controle físico	✪
Controle emocional/espiritual	✪✪
Defesa	✪✪✪✪
Divertimento	✪✪

5.42 Discussão coerente

Preparação: Nenhum.
Tempo de duração: Cinco minutos.
Recursos: Nenhum.
Freqüência: Regularmente.

A discussão tradicional é como o produto de uma lâmpada – raios saindo em todas as direções sem nenhum foco ou uniformidade. Ao invés disso, os raios de uma luz coerente de um laser são uniformes e resultam em uma iluminação mais forte. De maneira similar, uma discussão coerente irá gerar menos estresse e produzir um melhor resultado.

Antes de iniciar uma reunião, imagine o modo como deve estruturar a discussão. Separe diferentes abordagens de forma que estejam todos trabalhando juntos ao invés de estarem brigando um com o outro. A estrutura de uma reunião deve ser algo como:

- Fazer uma revisão sobre aquilo que a reunião pretende alcançar.
- Realizar um *brainstorm* (ou utilizar outras técnicas de criatividade) para gerar novas idéias.
- Selecionar intuitivamente a idéia mais interessante.
- Obter um feedback sobre o sentimento do grupo.
- Gastar alguns minutos melhorando os pontos positivos.
- Gastar alguns minutos ajustando alguns pontos negativos.
- Planejar uma coletânea de trilhas e planejamento de tempo para ação.

Feedback A estrutura utilizada fica a critério do grupo. A importância está no fato de fazer com que as pessoas trabalhem de forma coerente e não destrutiva. Quando estiver engajado em uma atividade, tente afastar-se das outras. Quando surgirem idéias, não critique, e quando avaliar pontos positivos, não deixe que nenhum "porém" se intrometa.

Resultado Grande parte do estresse oriundo de reuniões improdutivas é gerado a partir de uma discussão mal gerenciada. A coerência ajuda a todos.

Variações Veja *Six Thinking Hats* de Edward de Bono (Capítulo 6).

Controle físico	✪
Controle emocional/espiritual	✪✪✪
Defesa	✪✪✪✪
Divertimento	✪✪

5.43 A música acalma o peito selvagem

Preparação: Conseguir CDs ou fitas apropriadas.
Tempo de duração: Cinco minutos.
Recursos: Toca-fitas ou CD-player.
Freqüência: Regularmente.

Freqüentemente, o estresse surge no momento em que não podemos fazer nada a respeito. Um dos motivos pelos quais a fúria do trânsito é tão comum é o fato de que você se encontra altamente reprimido em função das restrições inerentes a estar dirigindo um carro. Você não pode começar a se exercitar ou fazer uma massagem – mas pode utilizar a música. O tipo certo de música irá desacelerar seu batimento cardíaco, fazer com que raciocine de modo mais relaxado e, via de regra, colocar seu estresse sob controle.

Atente para o "tipo certo de música". Nem todas as músicas aliviam o estresse. Qualquer coisa com um ritmo acelerado com um pesado e vibrante baixo agirão mais como um disparador de adrenalina do que como um relaxante. E não pense que apenas por tratar-se de um clássico seja calmante – existem muitas músicas clássicas que irão acelerar seu batimento cardíaco.

Procure músicas lentas, calmas, reminescentes de épocas felizes, sem problemas lembrando córregos d'água. Pode ser qualquer coisa, do clássico ao popular, contanto que tenha o efeito desejado. Eu acho a música sacra do período Tudor e Elizabetano, que combina uma qualidade fluente e inabalável com uma profundidade espiritual, particularmente eficaz. A melhor idéia é tentar alguns estilos diferentes e ver qual deles melhor se ajusta a você. Veja o Capítulo 6 para algumas sugestões mais específicas.

Feedback Certifique-se de que a música que está aliviando o seu estresse não esteja colocando estresse em outras pessoas. O chiado metálico de fones de ouvido de walkmans, ou o estrondo do baixo de um carro passando com seu som estéreo demasiadamente alto, causa bastante irritação para outras pessoas. Tente manter sua música para si mesmo.

Resultado Com a música apropriada você pode distanciar-se do estresse e colocá-lo sob controle. Ela desacelera seu ritmo cardíaco e até ajuda a respirar de forma regular. Não existe nada melhor se você estiver preso em um congestionamento.

Variações A música não é valiosa apenas no carro. O tipo certo de música pode ser uma ajuda para o relaxamento e o alívio do estresse em qualquer lugar que você esteja.

Controle físico	✪
Controle emocional/espiritual	✪✪✪✪
Defesa	✪
Divertimento	✪✪✪✪

5.44 Refúgio para proteger-se

Preparação: Nenhuma.
Tempo de duração: Dez minutos.
Recursos: Caderno.
Freqüência: Uma vez.

Uma vez que a capacidade de lidar com o estresse está fortemente ligada ao controle e à auto-estima, vale a pena construir um refúgio para proteger-se do estresse, particularmente no trabalho. Gaste em torno de cinco minutos pensando sobre os elementos pessoais de sua vida que lhe ajudam a lidar com o estresse. Imagine como se estivesse construindo para si mesmo um abrigo à prova de estresse. O que você incorporaria? Pode envolver artigos do cotidiano. Coisas típicas poderiam ser:

- fotografias da família;
- uma gravura com sua pintura preferida;
- fotografias de cenas repousantes;
- um par de chinelos;
- uma cadeira confortável;
- um sistema de som;

... mas pode envolver algo mais extravagante.

Agora passe o resto do tempo do exercício juntando uma lista de todas as pequenas ações que seriam necessárias para transformar seu local de trabalho atual em algo mais próximo de seu abrigo. Faça com que algumas dessas ações sejam realizadas na primeira semana.

Feedback A imagem de um abrigo ou refúgio pode ser enganosa. Você não está tentando alienar-se do mundo ou de todas as suas influências. É do estresse e de suas indisposições que você está se refugiando.

Resultado O refúgio contra o estresse não vai manter todo o estresse longe de você, mas irá impulsionar o seu gerenciamento do estresse de maneira não espetacular, porém eficaz.

Variações Embora este exercício tenha como objetivo principal o local de trabalho, você pode muito bem achar que algo similar seja necessário em casa. Ter um lugar quieto para se recolher por cinco minutos, seja um escritório ou uma fonte em um jardim, pode ajudar bastante.

Controle físico	✪✪
Controle emocional/espiritual	✪✪✪✪
Defesa	✪✪✪
Divertimento	✪✪✪

5.45 A solução através de animais de estimação

Preparação: Obter um animal de estimação.
Tempo de duração: Cinco minutos.
Recursos: Um animal de estimação.
Freqüência: Regularmente.

Existem grandes evidências de que animais de estimação reduzem os níveis de estresse e ansiedade. Isto é agora reconhecido ao ponto de animais de estimação serem permitidos em alguns hospitais para ajudar na recuperação de pacientes. Você vai precisar ter um animal de estimação – a parte do imediato vem depois. Gaste algum tempo pensando sobre o tempo de vida do animal. Você pode estar assumindo um compromisso que pode levar décadas. Pondere o quanto é necessário para sua subsistência. Não tem ninguém em casa o dia todo? Você sai muito? Como você lidaria com a situação? A técnica efetiva, uma vez que você tenha o animal, é passar um tempo agradável com ele. Acaricie o animal se for possível. Até mesmo acariciá-lo enquanto assiste à TV pode ajudar, mas para obter o máximo benefício para sair do estresse, reserve um tempo só para isso. As sessões não precisam ser muito longas para serem notoriamente benéficas.

Feedback Existe uma graduação aproximada em relação aos animais: o quanto mais elevados na escala, maior o nível de comprometimento, mas (geralmente) maior o retorno. Alguns pontos-chave sobre a questão:

- Peixes de aquário – comprometimento muito baixo. Crescem mais e vivem mais em um lago; observá-los em um lago é mais terapêutico do que em um tanque (embora dependa das condições climáticas).
- Hamster – vive somente em torno de dois anos, mas pode ser acariciado. Muito variável em termos de personalidade. Dorme muito durante o dia.
- Ratinho/porquinho-da-índia/coelhos. Vida mais longa, maior compromisso. Selecione ratos em termos de inteligência, porquinhos-da-índia em termos de serem dóceis para acariciar e coelhos... se você gostar de coelhos.
- Gato – toma conta de si próprio durante grande parte do dia. Menos dócil do que um porquinho da índia e não tão amigo quanto um cachorro, mas possui bastante personalidade.
- Cachorro – o animal mais importante em termos de alívio do estresse, mas também, de longe, aquele que requer maior comprometimento.

Resultado Ter um animal à sua volta é uma fonte de interação relaxante e um interesse não-ameaçador. Pense seriamente sobre isso.

Variações Se possuir um animal de estimação for impraticável, veja se é possível ter acesso ao animal de outra pessoa.

Controle físico	✪✪✪
Controle emocional/espiritual	✪✪✪
Defesa	✪
Divertimento	✪✪✪✪

5.46 A vida, o universo e todas as coisas

Preparação: Nenhuma.
Tempo de duração: Dez minutos.
Recursos: Nenhum.
Freqüência: Ocasionalmente.

Uma das principais motivações para explorar a dimensão espiritual é a percepção de que dinheiro e propriedades não representam tudo. É claro que todos desejamos sentir-nos confortáveis, e muitas pessoas gostariam de ser ricas, mas a história verdadeira daqueles que possuem tudo em termos materiais é que isso apenas não basta.

Gaste alguns minutos pensando sobre o final de sua vida. Isto não é mórbido, é algo que sabemos que vai acontecer. O que você gostaria de olhar para trás e sentir-se feliz a respeito? Provavelmente existirão elementos relativos a dinheiro e posses, mas pegue o quadro geral. Tente ter uma noção sobre o peso de cada coisa.

Com esse quadro em mente, analise suas atividades. Você poderia incluir algo mais que não envolvesse riqueza e posses? Você conseguiria um melhor equilíbrio e, por conseguinte, reduzir a sensação de que algo está faltando em sua vida? Nos poucos minutos disponíveis, tente apresentar algumas direções possíveis nas quais você possa trabalhar ao longo dos próximos meses.

Feedback Algumas pessoas deixam tudo de lado correndo atrás de bens materiais ao custo de todas as demais coisas. As pessoas que deixam em falta a vida familiar para concentrarem-se em suas carreiras. As pessoas para as quais acumular mais e mais dinheiro é o único direcionamento. As pessoas que pensam que se divertir (ou almoçar) é para desocupados – elas simplesmente não têm tempo para isso. Este exercício é sobre você – bem no âmago daquilo que você é e os motivos para isso. Não saia dele se parecer insignificante, é inteiramente concreto.

Resultado Particularmente quando você chegar à meia-idade, o desconforto de que todas as suas conquistas estão concentradas em torno de ganhar dinheiro e acumular posses pode se tornar um pesado fardo. Buscar uma vida mais equilibrada vai ajudar a eliminar esses tipos de estresse.

Variações Este é um exercício para o qual vale a pena voltar de vez em quando para ver como está se saindo.

Controle físico	✪
Controle emocional/espiritual	✪✪✪✪
Defesa	✪✪✪✪
Divertimento	✪✪

5.47 Justiça

Preparação: Nenhuma.
Tempo de duração: Dez minutos.
Recursos: Nenhum.
Freqüência: Uma vez.

Esta técnica somente é relevante se existir alguém com que você tenha contato regular que seja, definitivamente, um grande fator de estresse. Passe alguns minutos pensando sobre as pessoas com quem você lida. Existe alguém que exerça um efeito físico sobre seu bem-estar? Depois de estar com ela, você se sente mal, fica tonto ou sua cabeça pesa uma tonelada? E mãos úmidas e boca seca? Caso não exista, ótimo. Caso exista, você precisa fazer alguma coisa. Considere essas duas opções importantes.

Em um surpreendente número de casos relativos a trabalho, a resposta pode ser acabar com o relacionamento. Definitivamente, evite-as. Fique fora do caminho delas. Evite o estresse. Caso necessário, altere algumas de suas tarefas para tornar isso mais plausível. Mas esta nem sempre é a resposta, especialmente quando a pessoa pode ser parte de sua família. Se você decidir que a resposta é manter o relacionamento, apesar disso, pode deixar as coisas como estão. Tente recuar e observar um confronto. O que é, naquela pessoa, que causa uma reação em você? Tende compreender isso e procure modos de evitar.

Somente você é capaz analisar seus sentimentos, mas poderia ajudar se existisse alguém em quem realmente confia, para dar também uma visão alheia sobre o que está acontecendo.

Feedback Temos uma tendência a imaginar que somos capazes de superar quaisquer dificuldades pessoais porque somos 'profissionais' ou porque personalidades não são importantes nos negócios. Na verdade, os aspectos pessoais possuem muito mais influência do que admitimos. Se existe um forte conflito que está lhe causando estresse, é necessário agir.

Resultado Se você está em constante contato com alguém que lhe cause estresse, simplesmente em função daquele contato, é essencial que faça algo a respeito, seja para cortar o contato ou para desviar-se do estresse. Caso contrário, pode ser um fator de estresse perigosamente persistente.

Variações Nenhuma.

Controle físico	✪✪
Controle emocional/espiritual	✪✪✪
Defesa	✪✪✪✪
Divertimento	✪

5.48 Libertação natural

Preparação: Nenhuma.
Tempo de duração: Trinta minutos.
Recursos: Ambiente de exercícios.
Freqüência: Regularmente.

Exercícios regulares (veja *Resolvendo o estresse*, 5.5) são uma parte valiosa do gerenciamento do estresse, mas você pode caminhar um passo adiante. Levar-se ao limite na academia de ginástica pode ter maiores benefícios aeróbicos, mas é tão inspirador como trabalhar em uma linha de produção – na verdade, é o método de linha de produção para exercícios, e dessa forma, o menos eficaz para o gerenciamento do estresse.

Pesquise modos de exercitar-se nos quais também possa obter benefícios para o alívio natural do estresse em função do ar fresco e de uma linda paisagem. Não corra em uma esteira, faça uma corrida em um parque, ou melhor no campo. Não utilize um equipamento de remo; encontre algum lugar onde possa remar em um rio ou em um lago. Ande de bicicleta no campo. Ou tente fazer caminhadas fortes em ambientes agradáveis (veja *Caminhadas!*, 5.37). Passe alguns minutos imaginando como você pode dar à sua rotina de exercícios um impulso natural.

Feedback Os fatores de controle do estresse neste caso são surpreendentemente complexos. Não se trata apenas do benefício físico do ar puro. As cores e o contorno do campo parecem ter a capacidade natural de remover o estresse. O simples fato de ficar olhando para um ponto na paisagem, observando a luz do anoitecer ir se alterando ao longo dos campos e montanhas, oferece uma maravilhosa sensação de serenidade. Adicione a isso os outros fatores sensitivos, e estará dando a si mesmo muito mais do que pode imaginar.

Nem todos nós podemos simplesmente sair por nossas portas em direção ao campo e, mesmo que possamos, toda uma combinação entre condições climáticas e nível de claridade podem conspirar contra o fato de poder ser praticado a todo o tempo. Isto não significa que não possa funcionar para você. Você pode não ser capaz (ou desejar) fazer toda a sua rotina de exercícios em um ambiente natural, mas não deixe de fazer excursões regulares para agregar um sabor natural. Planeje a primeira, agora.

Resultado Combinando exercícios com um ambiente natural agradável, você pode atacar o estresse nos planos físico e espiritual, simultaneamente.

Variações Nenhuma.

Controle físico	✪✪✪✪
Controle emocional/espiritual	✪✪✪
Defesa	✪
Divertimento	✪✪✪

5.49 | Sobrecarga de informações

Preparação: Nenhuma.
Tempo de duração: Dez minutos.
Recursos: Nenhum.
Freqüência: Uma vez.

É um fato da vida moderna – a informação é invasiva. Isto é uma coisa boa. A Internet, por exemplo, é uma admirável fonte de informações, em sua mesa de escritório, 24 horas por dia. No entanto, isto pode se transformar em um exagero. Existem todos aqueles relatórios, arquivos, jornais e correspondência... e mais e mais. Ter toda essa informação despejada em você pode resultar em um estresse significativo. Mas não precisa ser assim. Passe alguns minutos traçando uma estratégia pessoal para gerenciar a sobrecarga.

- Faça uma seleção rápida em sua correspondência – jogue fora a sucata e faça um exame em possíveis sucatas.

- Gerencie seu e-mail – examine-o apenas algumas vezes por dia e limpe sua caixa de entrada diariamente. Utilize filtros para remover o lixo evidente.

- Reduza jornais e revistas (veja *A falta de notícias é boa notícia*, 5.53).

- Devolva todos os relatórios com mais de uma página sem terem sido lidos, com uma observação neste sentido.

Utilize a regra 80:20 (veja *Pareto*, 5.59). Geralmente, 20% de seus documentos possuem 80% do valor total. Seja impiedoso. Tente mudar de uma abordagem de extensão de informações para uma abordagem de extração de informações. Simplesmente cortar toda a entrada de informações deixará você sem as informações de que efetivamente necessita. Equilibre a redução na entrada de dados sabendo como encontrar as informações de que precisa quando desejá-las.

Feedback Estranhamente, um resultado de gerenciar a sobrecarga de informações é o fato de que você pode ler mais. A maioria de nós não lê o suficiente sobre ficção ou não-ficção genérica. Cortando drasticamente as leituras desnecessárias, você pode aumentar a quantidade de leitura mais agradável (isto inclui livros sobre negócios – se forem enfadonhos, jogue-os fora).

Resultado O fato de existir tanta informação por aí é uma coisa boa se você exercer controle sobre como e quando recebê-la. Este exercício refere-se a recuperar o controle, essencial para o gerenciamento do estresse.

Variações Nenhuma.

Controle físico	✪
Controle emocional/espiritual	✪✪
Defesa	✪✪✪✪
Divertimento	✪✪✪

5.50 Honestidade

Preparação: Nenhuma.
Tempo de duração: Dois minutos.
Recursos: Nenhum.
Freqüência: Ocasionalmente.

De vez em quando, temos a oportunidade de eliminar um fator de estresse antes que ele possa gerar problemas. A desonestidade consciente pode recair sobre sua mente e tornar-se uma fonte crônica de estresse. O impacto não é o mesmo para todas as pessoas. Para alguns, receber mercadorias roubadas não é problema enquanto para outros, aceitar dez centavos a mais no troco do supermercado pode ser uma preocupação tão insistente quanto uma dor de dente.

Antes de realizar um ato conscientemente desonesto, não importa o quão trivial, pare por um momento. Avalie a possibilidade de adotar um caminho honesto – pode gerar benefícios mais surpreendentes quando outras pessoas o elogiarem por sua honestidade e, certamente, irá reduzir os níveis de estresse.

Feedback Não confunda honestidade com franqueza desmedida. "Falo o que acho" é, na melhor das hipóteses, uma desculpa. Dizer o que se pensa, o que quer que seja, e ser "totalmente honesto" neste sentido, não é um gerenciamento positivo do estresse; na verdade, é uma importante fonte de estresse, particularmente para os outros.

Resultado Evitando atos de desonestidade que sua própria consciência irá censurar, você pode remover essa área de estresse gerado por si mesmo.

Variações Nenhuma.

Controle físico	✪
Controle emocional/espiritual	✪✪
Defesa	✪✪✪
Divertimento	✪✪

5.51 Valores diferentes

Preparação: Nenhuma.
Tempo de duração: Cinco minutos.
Recursos: Nenhum.
Freqüência: Uma vez.

Este é um exercício árduo. Em primeiro lugar, avalie esta pesquisa. Uma edição de 1999 do *Demography Magazine* realizou um estudo baseado nos dados da pesquisa de 1987 com 28.000 pessoas. Em torno de 2.000 dessas pessoas haviam falecido no período entre a época em que a pesquisa que estava sendo realizada e o estudo em 1999. Em termos gerais, foi constatado que as pessoas que freqüentavam cultos religiosos de qualquer espécie, pelo menos uma vez por semana viveram, em média, sete anos a mais. O comentário de uma pessoa envolvida no estudo foi: As pessoas que freqüentam a igreja possuem amigos com que podem contar e a consciência de sua importância no contexto da vida.

Este exercício não diz respeito a freqüentar cultos religiosos, mas a avaliar o modo como a diferença na maneira de encarar a vida e valores pessoais parece ter influenciado os níveis de estresse daquelas pessoas envolvidas. Passe alguns minutos imaginando como utiliza sua vida. Existem oportunidades para recuar das atividades frenéticas? Pode valer a pena encontrar alguma coisa que seja para você o equivalente a fazer parte de um grupo religioso.

Feedback Existe sempre o perigo na estatística de confundir correlação com casualidade. Dois fatos podem possuir um padrão de combinação (correlação) sem qualquer ligação direta entre eles. Por exemplo, durante alguns anos após a Segunda Guerra Mundial, existia uma forte correlação entre importação de bananas e gravidez, mas ninguém sugeriu que bananas causassem a gravidez. De forma similar, é possível que não haja uma ligação casual entre freqüentar cultos religiosos regulares e um maior tempo de vida. No entanto, parece provável que uma combinação entre uma rede local de apoio e a oportunidade de recuar do estresse tenham sido importantes fatores de contribuição.

Resultado Pode não haver nenhum resultado em absoluto, mas fazer um avaliação sobre os benefícios de encontrar uma rede de apoio e um modo de inserir sua vida em um contexto vale o investimento de alguns minutos.

Variações Nenhuma.

Controle físico	✪
Controle emocional/espiritual	✪✪✪✪
Defesa	✪✪
Divertimento	✪✪

5.52 Estimulantes não prestam

Preparação: Nenhuma.
Tempo de duração: Cinco minutos.
Recursos: Nenhum.
Freqüência: Uma vez.

Pelo menos, estimulantes não prestam sob o ponto de vista de alívio para o estresse. São, às vezes, valiosos e geralmente agradáveis. Este exercício não é uma tentativa para fazer com que você desista dos estimulantes, mas apenas para conscientizá-lo em relação a estimulantes em uso constante, de forma que você possa eliminá-los quando tiver sob pressão. Qualquer coisa com um conteúdo significativo de cafeína é um concorrente óbvio (café, chá, derivados do chocolate, coca-cola e similares). Se você está se sentindo sob estresse, reduza o consumo. Em particular, evite-os antes de ir dormir ou você pode ter uma dose dupla de estresse gerado pela perturbação do sono.

Outros estimulantes menos óbvios são o álcool e o fumo, ambos geralmente considerados relaxantes. Infelizmente, o álcool é um estimulante e o efeito do álcool em excesso pode ser estimular atos que irão causar mais estresse quando o efeito da bebida tiver passado. Similarmente, a nicotina acelera o batimento cardíaco, o que não é algo desejável quando você está tentando ficar calmo.

Feedback Tente algumas alternativas descafeinadas. A maioria das pessoas, por exemplo, que "precisa'" de uma xícara de café para começar a manhã acha que café descafeinado não é tão eficaz. Hoje em dia, chás de ervas são muito mais gostosos do que costumavam ser – pense sobre eles se você é um apreciador de chás. Muitas pessoas que removeram a cafeína inteiramente de sua dieta dizem que isso possui um efeito bastante positivo em sua sensação geral de bem-estar. Deixar de fumar é uma decisão que envolve força de vontade (apesar de ser certamente difícil), mas o uso moderado do álcool é bem menos consensual. Com algumas evidências de que um copo de vinho é benéfico para o coração, e o grande reconhecimento dos benefícios do uso controlado do álcool, é difícil argumentar inteiramente contra ele – mas uma análise sobre quantidade e freqüência faz muito sentido.

Resultado Uma redução no consumo de estimulantes diários ajudará a você a manter-se calmo e desacelerar ao final do dia. A maioria de nós poderia moderar nosso consumo habitual de estimulantes até um certo nível.

Variações Nenhuma.

Controle físico	✪✪✪✪
Controle emocional/espiritual	✪✪
Defesa	✪
Divertimento	✪✪

5.53 A falta de notícias é boa notícia

Preparação: Nenhuma.
Tempo de duração: Dez minutos.
Recursos: Nenhum.
Freqüência: Uma vez.

Uma dieta constante de notícias deprimentes é um fato gerador de estresse. Gostamos do equilíbrio, mas raramente o conseguimos. Nos anos 90, um locutor de notícias da BBC fez a declaração controversa de que não existem boas notícias suficientes – que repórteres e editores não equilibram o conteúdo das notícias. Não ajudou em sua carreira, mas é verdade. Passe alguns minutos avaliando seu insumo semanal de notícias. Considere todos os meios de comunicação. Agora tente dividi-lo em grandes categorias como negócios, notícias nacionais, notícias do exterior, esporte etc. Para cada uma, avalie o meio que utiliza e o valor que tem para seu trabalho e para sua vida social.

Finalmente, reflita sobre algumas experiências para obter um melhor ajuste com suas necessidades pessoais. Suas necessidades irão variar, mas aqui estão algumas possíveis abordagens:

- Cancele seu jornal diário. Compre apenas um jornal quando tiver um tempo de folga e desejar fazer algo diferente. Se você costuma ler durante o transporte, leia uma coleção de livros em seu lugar.

- Não assista a mais de um noticiário de TV por dia. Pesquise para ver qual o que melhor se ajusta a você em conteúdo e abordagem, e não o seu noticiário habitual.

- Tenha pelo menos um dia na semana no qual você não receba qualquer outra notícia que não seja de boca.
- Substitua outras formas de notícias por um resumo de notícias na Internet.
- Tenha várias folgas mais longas de notícias (de uma semana a um mês) durante o ano.

Feedback Uma resposta imediata é que "Eu não posso fazer isso de jeito nenhum". Na verdade, é surpreendente a pouca quantidade de notícias de que você realmente necessita, e a maioria delas refere-se a negócios ou lazer. Em relação ao restante, selecione quais as que gosta, e não o que é esperado.

Resultado Uma razão pela qual as notícias podem ser particularmente geradoras de estresse é que você está recebendo muitos sinais de perigo sem nenhuma possibilidade de agir. Reduzindo o fluxo constante de notícias, você pode reduzir esse impacto. Como um bônus, você também liberará tempo desperdiçado.

Variações Nenhuma.

Controle físico	✪
Controle emocional/espiritual	✪✪✪
Defesa	✪✪✪✪
Divertimento	✪✪✪

5.54 O jogo da organização do tempo

Preparação: Nenhum.
Tempo de duração: Dois minutos.
Recursos: Nenhum.
Freqüência: Regularmente.

Geralmente o estresse é gerado desnecessariamente porque temos um problema ou uma tarefa totalmente fora de proporção. Um método fácil de colocar um problema em seu lugar é pensar sobre o tempo. Você encontrará uma série de exercícios neste livro que tratam do gerenciamento do tempo. Este refere-se mais à compreensão do tempo e seu impacto.

Da próxima vez que tiver um problema ou tarefa que esteja perturbando você ou causando estresse, gaste alguns minutos pensando sobre dois aspectos do tempo. Este é realmente um problema agora, ou você está antecipando algo bastante no futuro? Quando a tarefa realmente precisa ser completada? Em segundo lugar, imagine-se bem no futuro. Fazendo uma retrospectiva de dez anos, o quão significativo este problema ou tarefa seria? Quanta diferença vai fazer para o resto de sua vida?.

Feedback Algumas vezes, a resposta será "Precisa ser feita hoje" ou "Vai mudar o resto de minha vida". Ótimo – esta pode muito bem ser uma circunstância na qual um pouco de estresse seja desejável. Se, no entanto, trata-se de um dentre os muitos e muitos problemas e tarefas que não são urgentes, ou que você nem conseguiria lembrar-se do fato dele ter existido daqui a dez anos, qualquer que tenha sido o resultado, é hora de desprender-se dele.

Resultado Dar uma dimensão de tempo a um problema ou tarefa, e fazer uma retrospectiva sobre ele a partir de um futuro imaginário, é um método valioso para remover grande parte do estresse desnecessário.

Variações Este é um exercício que você pode fazer sempre que um problema ou tarefa estiver perturbando você.

Controle físico	✪
Controle emocional/espiritual	✪✪✪
Defesa	✪✪✪✪
Divertimento	✪✪

5.55 Decepções

Preparação: Nenhuma.
Tempo de duração: Cinco minutos.
Recursos: Nenhum.
Freqüência: Regularmente.

Às vezes, uma decepção aparentemente trivial pode realmente causar mágoas. Como a maioria dos autores, tenho uma densa pilha de cartas de rejeição. Ter um livro rejeitado parece bastante insignificante no planejamento geral, mas quando trata-se de uma idéia para a qual você derramou seu coração, a rejeição pode ser muito dolorosa. A mesma coisa vale para qualquer decepção. Para tornar as coisas ainda piores, os fracassos algumas vezes vêm em bandos. Não se trata de fatalidade ou de ser azarado – se você pensar a respeito, uma série de problemas não seriam ao acaso se estivessem agradavelmente espalhados. Na hora em que você atingir a terceira decepção em cadeia, você poderá estar se sentindo bastante para baixo e com muito estresse.

A técnica neste caso é antiga, mas ainda funciona. Se uma criança está aprendendo a andar de bicicleta, a encorajamos a montar imediatamente de volta após uma queda. Similarmente, quando formos atingidos por uma decepção, lance uma nova iniciativa assim que seja possível. Isso pode envolver uma pequena alteração, seja ligeiramente relacionada à anterior, ou seja totalmente diferente. Então, por exemplo, quando tenho uma rejeição em um livro, posso enviar a mesma proposta para um editor diferente, ou retrabalhar a proposta, ou enviar uma proposta totalmente diferente direcionada a um mercado distinto. Se for algo que realmente lhe ponha para baixo, você pode aumentar o reforço dobrando a resposta. Se uma rejeição realmente me aborrecer, não mando apenas uma proposta, mas duas.

Feedback A questão do tempo é importante. Reaja rapidamente, preferencialmente dentro de poucas horas. A consciência de uma ação eminente irá de pronto eliminar grande parte do impacto. Esta técnica demonstra o poder do pensamento positivo. O pensamento positivo é geralmente melhor do que a realidade. Se você puder fazer um pensamento positivo sobre alguma coisa, de forma que ele seja igual ou melhor do que a decepção, poderá em grande parte contrapor o impacto dessa decepção.

Resultado Algumas decepções são tão grandes que nada irá rebatê-los de forma eficaz. Mas para a grande maioria das pessoas, esta técnica irá empurrá-las de volta para um posicionamento positivo da mente, não dando ao estresse uma chance de assumir o controle.

Variações Nenhuma.

Controle físico	✪
Controle emocional/espiritual	✪✪✪
Defesa	✪✪✪✪
Divertimento	✪✪

5.56 Gentilezas com efeito bumerangue

Preparação: Nenhuma.
Tempo de duração: Dois minutos.
Recursos: Nenhum.
Freqüência: Regularmente.

Este é o complemento de *Não faça isso* (5.21). Lá, analisamos o impacto de ser negativo. Aqui, estamos examinando a natureza revigorante de ser positivo de maneira ativa. Não deve ser uma surpresa muito grande, mas quando você se torna mais gentil para com outras pessoas, em geral, elas se tornam mais gentis em relação a você. Sorria para elas e elas irão sorrir para você. Diga coisas agradáveis para elas e elas retribuirão com coisas agradáveis.

Em breve, se tornará natural, mas para começar, você precisa adotar uma abordagem ligeiramente artificial para isso. Não a simpatia artificial, mas a ação artificial. Tente agradecer a alguém por alguma coisa todos os dias – a não ser que passe seu dia trancado em um quarto, você achará que existe algo pelo qual mereça agradecer a alguém. Associe sorrir a andar. Quando encontrar pessoas, geralmente está a pé – faça com que aqueles sorrisos se tornem naturais.

Feedback Não se está pedindo que você se torne bajulador ou simpático em excesso. A maioria das pessoas é sensível à falsidade e isso pode resultar em rejeição. Ao invés disso, estou defendendo a simpatia. Não um sorriso artificial, como um robô, mas um olhar genuíno de satisfação ao ver alguém. É claro que você não gosta de todo o mundo – isto é inevitável – mas a maioria das pessoas acha a maioria das outras pessoas bastante agradável, de forma a ser gentil para elas. Faça uma tentativa.

Resultado A mera ação de ser agradável e sorridente ajudará a relaxá-lo e drenar a tensão. No entanto, o resultado será percebido em dobro, uma vez que a gentileza, como um bumerangue, tende a voltar para quem a lançou. As outras pessoas serão mais agradáveis, e isso também irá reduzir seu nível de estresse.

Variações Nenhuma.

Controle físico	✪✪✪
Controle emocional/espiritual	✪✪✪
Defesa	✪✪✪✪
Divertimento	✪✪✪

5.57 Filhos

Preparação: Ter filhos.
Tempo de duração: Dois minutos.
Recursos: Nenhum.
Freqüência: Regularmente.

Se você não tiver filhos, não se sinta como se tivesse que sair correndo e arranjá-los apenas para fazer esse exercício. Se de fato tiver filhos, no entanto, qualquer que sejam suas idades, eles exercem uma influência ambígua sobre o estresse. Há horas em que fazem você se sentir maravilhoso... e há horas em que tornam a vida um inferno.

Quando seus filhos causarem estresse, (quando, e não se), ache uma maneira de recuar um passo para trás na situação por alguns minutos. Ponha o estresse sob controle. Desvie seus sentimentos de raiva para complacência ou diversão. Geralmente, uma situação de estresse com um filho evolui à medida que você começa a reagir negativamente – se você puder pegar a raiva e substitui-la por diversão, estará no caminho certo para superar o estresse.

É geralmente mais fácil descrever este processo do que fazê-lo. Se isso provar ser um problema, procure fontes externas de estresse. Por exemplo, o seu estresse quando seus filhos ficam brincando ao invés de aprontarem-se para a escola é causado pela criança ou pela necessidade de chegar na escola na hora certa? Posicione a necessidade na proporção certa e aja coerentemente. "Seus filhos não irão desejar sua atenção por muito tempo; em breve, você estará pedindo atenção a eles" pode ser um clichê, mas é verdade. Procure maneiras de aproveitar a experiência ao invés de sofrer.

Feedback Um problema ao lidar com essa questão do estresse é que não é politicamente correto admitir que ter filhos pode ser um inferno. Espera-se que ser pai ou mãe seja um "experiência afetuosa, acolhedora" e livros sobre cuidados com crianças estão repletos de virtudes pelo fato de ser sensato. Diga isso para a criança na faixa dos cinco anos (ou pior, para seu filho de cinco anos).

Resultado O estresse causado por filhos é crônico e tão perigoso a longo prazo quanto os grandes estresses isolados. Administrá-lo pode lhe trazer muitas vantagens. E pode também ajudar o seu relacionamento com seu filho.

Variações Procure abordagens alternativas em manuais sobre cuidados com filhos.

Controle físico	✹✹
Controle emocional/espiritual	✹✹✹✹
Defesa	✹✹✹
Divertimento	✹✹

5.58 Meditação

Preparação: Nenhuma.
Tempo de duração: Dez minutos.
Recursos: Lugar quieto.
Freqüência: Regularmente.

Para alguns, a meditação é uma parte natural da vida, para outros, um sintoma de estar nas margens da loucura. Na verdade, não existe nada de errado em relação à meditação, nem requer aceitação de qualquer filosofia em particular. Encontre um lugar onde possa sentar-se silenciosa e confortavelmente – a não ser que você se sinta bem à vontade, pernas cruzadas devem ser evitadas. Reduza coisas que possam distraí-lo, ao mínimo possível. Respire lentamente e de maneira uniforme. Imagine que tudo está sendo desacelerado.

Então, encontre um foco de concentração. Pode ser um insignificante conjunto de sílabas, uma frase simples ou uma imagem bem calma como um grande lago com uma superfície tranqüila, ou simplesmente uma única folha. Para começar, você pode achar que ajudaria ter um objeto físico para fornecer o foco de concentração mas, em pouco tempo, você não precisará mais dele. Se utilizar um objeto, não faça nenhuma associação ou pense sobre suas propriedades. Mantenha o seu foco no objeto por inteiro. Por alguns minutos (com seus olhos fechados, a não ser que esteja utilizando um objeto físico), deixe seu foco preencher sua mente. O estresse se esvairá – mas não pense sobre ele, ou sobre suas causas.

Feedback Inicialmente, você achará difícil manter-se concentrado. Sua mente irá divagar. Quando perceber isso, traga a si mesmo de volta. Não demore muito no início. Comece com alguns minutos e vá evoluindo até talvez 15 minutos.

A maioria das religiões no mundo, desde o Cristianismo até o Budismo Zen, e muitos grupos não-religiosos, praticam a meditação. Você pode ver isso como uma oportunidade de explorar a espiritualidade interior ou como um simples exercício. Um de seus efeitos é alterar o padrão das ondas cerebrais para um padrão menos reativo (veja o Capítulo 1). Qualquer que seja seu ponto de vista, isso funciona.

Resultado A meditação é difícil de ser praticada sem um lugar quieto e alguns minutos sem perturbações, mas seu poderoso impacto sobre os níveis de estresse fazem com que valha a pena tentar.

Variações Tente utilizar um temporizador de cozinha para evitar que você se preocupe com o tempo em que ficou meditando, especialmente se tiver uma outra atividade para fazer mais tarde.

Controle físico	✪✪✪
Controle emocional/espiritual	✪✪✪✪
Defesa	✪
Divertimento	✪✪✪

5.59 Pareto

Preparação: Nenhuma.
Tempo de duração: Cinco minutos.
Recursos: Nenhum.
Freqüência: Uma vez.

O economista italiano do Século IX, Vilfredo Pareto, descobriu que 80% da riqueza era possuída por 20% das pessoas. Desde então, descobriu-se que a regra 80:20 se aplica a muitas circunstâncias. A regra 80:20 encontra-se no cerne do gerenciamento do tempo (veja o Capítulo 6 para maiores detalhes sobre o gerenciamento do tempo). Uma vez que tenha reconhecido que você consegue 80% da perfeição com 20% do esforço, o gerenciamento do tempo se torna muito mais prático – assim como o gerenciamento do estresse, porque perder o controle sobre seu tempo inevitavelmente leva ao estresse.

Pense sobre os gigantescos 80% necessários para fazer o acabamento final. Às vezes, aquele restante é vital. Você não deseja uma usina nuclear que seja 80% segura. No entanto, para a maioria das tarefas (poderia ser 80% delas?), 80% de sucesso está ótimo. Quando estiver traçando objetivos e trilhas, sempre que possível, utilize uma meta de 80:20. Dessa forma, você estará menos propenso a chegar a um estado de sufoco no qual nunca tenha tempo para terminar alguma coisa.

Feedback Para alguns de nós, a regra de Pareto é absolutamente natural. Estamos felizes com soluções aproximadas que façam as coisas. Para outras pessoas é um verdadeiro sofrimento – um "trabalho mal-acabado". Esta técnica não é uma desculpa para o desleixo, mas um apelo para aceitar um resultado muito bom ao invés de lutar pela perfeição. Isto inibiria os grande trabalhos de arte, as grandes teorias da ciência que já foram desenvolvidas? Talvez, mas muitos dentre os grandes pensadores e artistas trabalham muito rapidamente – a grandiosidade não está sempre relacionada à busca de detalhes.

Resultado O potencial para liberar tempo é enorme. Se você mudar tudo da perfeição para a regra de Pareto, liberará 80% de seu tempo. Isso não vai acontecer, mas o tempo que você irá liberar lhe dará um anteparo contra o estresse.

Variações Considere outros aspectos do gerenciamento do tempo (veja o Capítulo 6 para livros sobre gerenciamento do tempo) ao analisar o gerenciamento do tempo – gerenciamento de tempo não se trata apenas leitura de passatempo, realmente ajuda.

Controle físico	✪✪✪
Controle emocional/espiritual	✪
Defesa	✪✪✪
Divertimento	✪✪

5.60 | Fora, tirania!

Preparação: Nenhuma.
Tempo de duração: Uma semana.
Recursos: Nenhum.
Freqüência: Uma vez.

Estamos todos familiarizados com o aviso na sala de aula: "Você deve encarar os valentões; eles são, na verdade, covardes." E, talvez, também nos lembremos do modo como este aviso parecia dúbio quando o valentão respondia com astúcia, colocando o dedo em nossos narizes. A tirania não termina na escola. É comum no local de trabalho (e fora dele). A diferença é que ameaças e abuso de poder geralmente substituem a violência.

Deveria ser mais fácil encarar um tirano quando somos adultos, mas a pressão social para não fazê-lo é geralmente forte; ainda assim, permanece o aviso. Sob certas circunstâncias, será suficiente mostrar que não é educado ou aceitável agir ou falar de uma determinada maneira. Se isso não funcionar, calmamente ameace utilizar quaisquer canais que esteja disponíveis para fazer algo a respeito. Se ainda assim não houver uma modificação, recorra a meios formais – pode ser um exagero para a tirania, mas essa prática pode manter a pessoa que sofre a tirania em contínuo estresse.

Para este exercício, passe uma semana conscientemente analisando a tirania em seu local de trabalho. Veja como você e as outras pessoas agem. Observe o modo como você é tratado e como os outros são tratados. Tome uma atitude se for necessário.

Feedback Talvez você seja feliz e não haja nenhum tirano em seu ambiente de trabalho, mas mesmo que você tenha sorte, terá valido a pena fazer este exercício. Não deve tomar muito tempo, por isso é ainda razoavelmente imediato, apesar de levar uma semana.

Resultado Estar consciente sobre a tirania e os passos básicos que você pode tomar para fazer algo a respeito pode ajudar a aliviar seu próprio estresse e o de seus colegas.

Variações Se você estiver envolvido em qualquer um dos extremos da tirania, e não puder ter uma visão objetiva, pode valer a pena trazer uma pessoa externa para desenrolar as coisas, mas você é a única pessoa que pode afirmar-se contra a tirania – uma outra pessoa não pode fazê-lo por você.

Controle físico	✪
Controle emocional/espiritual	✪✪
Defesa	✪✪✪✪
Divertimento	✪

5.61 Mimos

Preparação: Como achar apropriado.
Tempo de duração: Quinze minutos.
Recursos: Orçamento.
Freqüência: Ocasionalmente.

Quando o mundo está caindo sobre sua cabeça, dê a si mesmo algum mimo. Não dê ouvidos a desculpas relacionadas a não ter tempo, ou não ter dinheiro. Se funcionar, vale a pena gastar parte de seu orçamento (pessoal ou da empresa) no exercício. Exatamente qual o tipo de mimo difere amplamente de pessoa para pessoa. Encontre algo de que realmente goste e que irá colocá-lo nas nuvens e lhe dará disposição. Não dê desculpas, faça com que aconteça poucos dias depois da sensação de que tudo está mal.

Feedback Um problema relacionado ao mimo é a imagem passada pelos meios de comunicação. A TV e o cinema geralmente simplificam um conceito introduzindo uma versão como estereótipo. Depois de um certo tempo, tamanha é a força dos meios de comunicação, que confundimos o estereótipo com a realidade. Graças à TV e ao cinema, o mimo evoca imagens de extremo luxo, hotéis cinco-estrelas, massagens e tratamentos de beleza, alta-cozinha, garçons e mordomos.

Esta imagem do mimo é ótima se você se sente bem com esses artifícios. Recentemente na TV, um jovem casal foi mandado para um hotel exclusivo em um local romântico. Sentiram-se intimidados pelo ambiente formal e ficaram bastante constrangidos e em profundo estresse até que foram transferidos para um hotel mais convencional. Certifique-se de que o mimo está dentro de sua zona de conforto; não tente imitar alguma imagem capciosa. Pode ser que sua idéia de mimo seja uma refeição entregue em casa para ser comida diante da TV. Se for o caso, isso irá relaxá-lo mais do que uma refeição de seis pratos em um hotel-fazenda. Não estou dizendo que seja ruim expandir seus horizontes, mas, ao procurar ser mimado, busque um ambiente e uma experiência que não lhe causem estresse.

Resultado Bem gerenciado, o mimo é um excelente meio de relaxar e retirar o estresse. É importante, no entanto, que este exercício seja ocasional. Embora um evento semanal possa ser um ritual proveitoso, (veja *Ritual de relaxamento*, 5.13), o mimo deve ser mais irregular para causar impacto.

Variações Nenhuma.

Controle físico	✪✪✪
Controle emocional/espiritual	✪✪✪✪
Defesa	✪✪
Divertimento	✪✪✪✪

5.62 Lidando com mudanças

Preparação: Nenhuma.
Tempo de duração: Dez minutos.
Recursos: Caderno.
Freqüência: Ocasionalmente.

Mudanças podem ser a desgraça de sua vida, ou a única coisa que faça a vida valer a pena. Todas as pessoas possuem uma linha contínua de mudanças desde o nível que gostam até o nível que os coloca em um alto grau de estresse. À medida que o passo das mudanças se acelera – e não existe qualquer sinal de que vá desacelerar – estamos todos em perigo de sermos retirados de nossa zona de conforto.

De vez em quando, particularmente quando mudanças estão no ar, passe alguns minutos construindo um mapa de mudanças; para fazer isso, você terá que imaginar o modo como você resiste ao estresse baseado em mudanças. Existem duas armas importantes envolvidas ao lidar com mudanças sem entrar em estresse. A primeira refere-se a suas âncoras. Quais são as coisas para as quais você pode voltar que permanecem constantes? Escreva suas âncoras no mapa com círculos à sua volta. Podem ser sua família, seus amigos (ou um amigo especial), sua casa, sua religião, seu animal de estimação – as coisas para as quais você se volta quando todo o restante está tumultuado.

A segunda arma é aprender a gostar de mudar. Não mudar por mudar, mas fazer uma determinada mudança, compreendendo os benefícios que pode trazer, e fazer um esforço consciente para aderir a ela. Isto é bem mais possível do que normalmente admitimos. Desenhe as linhas mestras da mudança em seu mapa, destacando aquelas onde a mudança diminui o estresse. Para esses elementos de mudança, anote o que é bom neles. Amarre-os de volta, quando for relevante, em suas âncoras. Tente concentrar-se nas sensações positivas e não nas negativas.

Feedback A resistência a mudanças não é inerentemente ruim, mas faça antes este exercício. Se ainda assim não achar os benefícios convincentes, reflita sobre ações que você pode adotar para lutar contra a mudança. Mas esteja certo de que está combatendo a mudança devido a suas implicações, não apenas porque não gosta de mudanças, e ponto final.

Resultado As mudanças estão invariavelmente presentes e sempre causadoras de estresse. Aprender a lidar com elas é uma tática importante para o alívio do estresse.

Variações Nenhuma.

Controle físico	✪✪
Controle emocional/espiritual	✪✪✪✪
Defesa	✪✪
Divertimento	✪✪

5.63 | Exercícios integrais

Preparação: Planejar uma rotina.
Tempo de duração: Trinta minutos.
Recursos: Roupas apropriadas.
Freqüência: Regularmente.

A maioria de nós está consciente de que não se exercita o suficiente mas, de alguma maneira, nunca realmente chega a iniciar um programa de boa-forma. Você encontrará diversas outras possibilidades para fazer exercícios em outras partes deste capítulo, mas, talvez, você esteja também tentando evitá-los. Exercícios são um componente crucial no alívio do estresse, de forma que vale a pena tentar meios de integrar exercícios à sua rotina diária.

O modo mais fácil de fazer isso é caminhar até o trabalho. Abandone o ônibus, o metrô ou o carro. Pegue um par de tênis, uma roupa confortável e caminhe. Se andar até o trabalho não for viável, procure maneiras de ter 15 minutos ou mais de exercício contínuo, de outra forma, nas redondezas de seu local de trabalho. Se você não pode forçar-se a sair e fazer exercícios, traga o exercício até onde você estiver.

Feedback É fácil ter argumentos contra este exercício. Você mora longe demais para caminhar até o trabalho. Tudo bem, desça do metrô ou do ônibus um pouco antes. Estacione longe. Comece com uma distância em torno de um quilômetro e vá aumentando até uns três quilômetros ou mais. Você também poderá argumentar que o modo de se vestir representa um problema, mas você pode levar uma muda de roupas ou mantê-la no trabalho.

A outra grande desculpa é que você definitivamente não tem tempo. Isto realmente não funciona como argumento. Em alguns casos, você irá, na verdade, economizar tempo caminhando. Mesmo que isso não aconteça, estamos falando sobre sair de casa de 15 a 30 minutos mais cedo – o que dificilmente requer um grande esforço.

Resultado Você se exercita, obtém alívio do estresse e terá colaborado com o meio-ambiente.

Variações Tente fazer sua caminhada em um ambiente agradável (no campo ou em um parque) se possível (veja *Libertação natural*, 5.48) – mas não se preocupe se não puder. Se estiver procurando alternativas para caminhar até o trabalho, procure lugares para caminhar nas redondezas do local de trabalho (incluindo escadas).

Controle físico	✪✪✪✪
Controle emocional/espiritual	✪✪
Defesa	✪✪
Divertimento	✪✪✪

5.64 Ficar sozinho

Preparação: Planejar o lugar.
Tempo de duração: Metade do dia.
Recursos: Transporte.
Freqüência: Ocasionalmente.

Ficamos, às vezes, tão obcecados com a socialização – estar junto de nossos amigos, família, companheiro ou companheira, filhos – que nos esquecemos dos benefícios de ter algum tempo sozinho. Tire metade de um dia para ter algum tempo totalmente sozinho. Faça o que achar relaxante. Pode ser uma caminhada no campo ou admirar a arquitetura. Pode ser fazer compras em um shopping ou apenas sentar-se em algum lugar tranqüilo com um bom livro. A coisa mais importante é estar sozinho.

Feedback Se metade de um dia não parece exatamente imediato, tenha em mente que não precisa envolver um grande planejamento.
Esta técnica somente será eficaz para o alívio do estresse se você não se sentir culpado em relação a fazê-la. Afinal de contas, parece de alguma forma, uma traição admitir que afastar-se de sua família ou de seus amigos pode ser bom ou agradável para você. A implicação disso parece ser que você não gosta de estar com eles. Apesar disso, todas as pessoas, às vezes, precisam de um pequeno espaço para ficarem sozinhas e, geralmente, as pressões do trabalho e da família deixam pouco tempo a não ser que você faça por onde. Não se sinta culpado.

Às vezes, a parte mais difícil é descrever essa necessidade para aquelas pessoas que estão próximas a você e podem não gostar da idéia de você querer estar longe delas. Explicar em que sentido você precisa de "espaço" pode ser considerado pretensioso. Pode ser mais fácil arranjar circunstâncias para que aconteça dessa forma ao invés de tentar justificar. Não se trata de uma questão de mentir ou ser evasivo – apenas encaixe isso com alguma outra atividade que as outras pessoas queiram fazer, mas você não queira.

Resultado Estando sozinho por algum tempo, você pode, às vezes, alcançar uma paz que é difícil conseguir em circunstâncias normais.

Variações Nenhuma.

Controle físico	✪✪
Controle emocional/espiritual	✪✪✪
Defesa	✪
Divertimento	✪✪✪

5.65 Tratando a questão dos medicamentos

Preparação: Nenhuma.
Tempo de duração: Dez minutos.
Recursos: Nenhum.
Freqüência: Uma vez.

Esta é mais uma seção de informações do que um verdadeiro exercício. A maioria das pessoas consegue lidar com o estresse sem o uso de medicamentos – é razoavelmente óbvio que, se você puder, deve fazê-lo. Às vezes, o médico irá prescrever medicamentos para ajudar com o estresse. Se lhe forem passados medicamentos, ou se estiver pensando em pedi-los, eis aqui alguns pontos de reflexão:

- Pílulas para dormir – uma causa comum de estresse é não dormir bem. Antes de recorrer a pílulas para dormir, verifique nossas sugestões para dormir (5.39) e sobre a aromaterapia (5.12). Também vale a pena analisar as várias outras recomendações ao longo do livro sobre relaxamento e formas de desligar-se. Pílulas para dormir não acarretam, na verdade, uma boa noite de sono, tornam-se rapidamente ineficazes e podem causar dependência.

- Tranqüilizantes – tranqüilizantes tradicionais causam dependência e, geralmente, são prescritos somente para condições sérias, específicas. A alternativa, beta-bloqueadores, é mais utilizada, de maneira geral, para lidar com um grande trauma isolado, uma vez que é eficaz e não cria dependência.

- Antidepressivos – a depressão é uma condição médica específica, e não simplesmente o fato de sentir-se melancólico. Medicamentos modernos podem ser bastante eficazes, embora efetivamente levem dias ou semanas antes de fazerem efeito. A maioria possui efeitos colaterais, que, às vezes, são considerados piores do que o problema original, mas, para algumas pessoas, antidepressivos provaram ser bastante eficazes.

Feedback A questão essencial ao considerar o uso de medicamentos no alívio do estresse é o fato de que deva ser com o envolvimento de um profissional da área médica – não se trata de medicamentos para serem administrados por conta própria. Para a maioria das pessoas, o bom gerenciamento do estresse sem o uso de medicamentos será suficiente – mas consulte seu médico se estiver com qualquer dúvida.

Resultado O resultado deste exercício é colocar o uso de medicamentos sob controle.

Variações Nenhuma.

Controle físico	✪✪✪✪
Controle emocional/espiritual	✪
Defesa	✪
Divertimento	✪

5.66 Controle sobre o telefone

Preparação: Nenhuma.
Tempo de duração: Cinco minutos.
Recursos: Nenhum.
Freqüência: Uma vez.

Telefones são extraordinários geradores de estresse. Não respeitam seu tempo ou horários – tocam como e quando desejam. Utilize uma secretária eletrônica, uma caixa-postal, ou faça uma outra pessoa atender ao telefone para proteger as horas que você precisa não ser perturbado. Nessas horas, desligue o telefone ou saia de perto dele, de forma que não tome conhecimento das chamadas, caso contrário, ficará imaginando quem era e o que queria.

Momentos-chave a serem protegidos são eventos sociais importantes, refeições e momentos em que estamos raciocinando. Tome cuidado, no entanto, para não se tornar uma daquelas pessoas que sempre se escondem por trás de alguém ou da caixa-postal. Você ganhará a reputação de ser omisso ou de ser uma pessoa que não se importa com nada. Faça com que haja horas substanciais do dia nas quais você realmente atenda o telefone você mesmo.

Se você recebe mensagens, não deixe de retornar a ligação nas próximas 24 horas ou no horário comercial (a não ser que haja circunstâncias excepcionais). Se existe alguma coisa pior do que alguém que sempre se esconde atrás de uma caixa postal, é alguém que se esconde por trás de uma caixa postal e nunca retorna a ligação.

Feedback Secretárias eletrônicas e caixas postais são as soluções-padrão para o estresse gerado pelo telefone, mas esteja atento para uma perversa reação ação contrária. Se estiver esperando uma ligação que seja importante para você, e precisa falar com alguém imediatamente, não existe nada pior do que ausentar-se do recinto por apenas cinco minutos, justamente o tempo necessário para encontrar uma mensagem daquela pessoa na secretária eletrônica – e não conseguir, de jeito algum, entrar em contato com ela quando retorna a ligação. Nesta circunstância excepcional, avalie a hipótese de direcionar suas ligações para um telefone móvel celular ao invés de utilizar a caixa postal, o oposto da solução usual.

Resultado Obtendo um maior controle sobre as ligações telefônicas que lhe são direcionadas, você pode reduzir seu impacto sobre seu tempo e minimizar o estresse resultante.

Variações Este é, em grande parte, um exercício sobre gerenciamento do tempo. Veja o Capítulo 6 para outras leituras sobre gerenciamento do tempo.

Controle físico	✪✪
Controle emocional/espiritual	✪✪
Defesa	✪✪✪✪
Divertimento	✪✪

5.67 Deixe a luz do sol entrar

Preparação: Nenhuma.
Tempo de duração: Cinco minutos.
Recursos: Pedaço de papel, caneta.
Freqüência: Uma vez.

Existem enormes evidências de que um mundo constantemente cinzento, sem o calor e a luz do sol, é deprimente. Isto é respaldado por tudo desde o senso comum até os índices de suicídio em países com limitada quantidade de luz do sol.

Uma vez que isto é um fato tão bem aceito, é estranho que raramente nos demos conta da luz do sol, a não ser nos momentos de lazer. Pegue uma folha de papel e desenhe um quadro de lembretes, ou uma simples lista de modos através dos quais você pode colocar um pouco mais da luz do sol em sua vida quando estiver sob pressão. Exemplos disso podem ser: fazer uma reunião ao ar livre, fazer um intervalo de cinco minutos fora do prédio quando estiver fazendo sol, lançar mão de horários de trabalho flexíveis de maneira mais espontânea, de forma a poder aproveitar o tempo bom.

Pendure a folha de papel em algum lugar no qual você possa facilmente vê-la. Durante as semanas seguintes, tente colocar um pouco mais da luz do sol em sua vida funcional.

Feedback Este não é um exercício difícil de ser colocado em prática, mas freqüentemente acaba não sendo realizado. Isto ocorre provavelmente porque não gostamos que o tempo tome conta de nossos horários, embora a maioria de nós tenha uma certa flexibilidade em relação ao horário de trabalho. Por que não tirar proveito da luz do sol? Lembre-se do protetor solar, no entanto – o objetivo é aliviar o estresse, e não ficar queimado do sol.

Resultado Ter um pouco de sol em sua vida coloca uma primavera em seu caminho. Você tem um melhor desempenho e se sente melhor. É um tônico natural para o estresse.

Variações Se você está no comando de uma grande empresa, avalie modos de alterar o ambiente de trabalho de forma que uma maior quantidade de luz do sol possa entrar. Não é um problema trivial, uma vez que você precisa equilibrar o calor e o excesso de claridade, mas quando realizado de forma apropriada, da mesma forma que o edifício ganhador de prêmios, *Waterside*, sede da *British Airways* (onde uma rua envidraçada liga todos os edifícios da sede, gerando um ambiente de luz e sol no qual a maior parte do quadro de funcionários passa uma considerável parte do tempo), realmente funciona. Quando se vai a *Waterside*, pode-se sentir o estresse indo embora.

Controle físico	✪✪✪✪
Controle emocional/espiritual	✪✪✪
Defesa	✪✪
Divertimento	✪✪✪

5.68 | Vestuário descontraído

Preparação: Nenhuma.
Tempo de duração: Cinco minutos.
Recursos: Nenhum.
Freqüência: Uma vez.

A maneira como nos vestimos contribui para nosso estado de relaxamento e de estresse. Roupas justas, formais aumentam o nível de estresse. Roupas soltas, informais, ajudam-nos a relaxar. Seja particularmente cauteloso em relação a roupas que apertem a garganta, o peito e a cintura, que podem ser colaboradoras significativas para o estresse.

Passe alguns minutos planejando sua semana. Que roupas você utiliza? Como os diferentes tipos de vestimenta fazem você se sentir? Como você conseguiria obter a sensação positiva de disposição que as vestimentas formais lhe trazem, sem aumentar seus níveis de estresse com roupas apertadas e engomadas? Procure oportunidades de opor-se a quaisquer regras de vestuário, pelo menos durante parte do tempo.

Feedback Quando trabalhava em um escritório de uma empresa diariamente, nunca questionei a necessidade de vestir um terno para trabalhar. No entanto, uma vez que você tenha conseguido trabalhar durante algum tempo, realizando tarefas sob grande pressão, sem a necessidade de vestir-se para tal, nunca consegue voltar atrás. Sim, você vestirá um terno, mas apenas quando for absolutamente necessário. Examine o que as pessoas vestem quando precisam fazer serviços extraordinários no final de semana. Se as roupas são adequadas naquela ocasião, por que não o são em outras ocasiões?

Se você precisa ficar com roupas apertadas, aceite os fatos da vida. É natural que à medida que você vá ficando mais velho, seu pescoço e sua cintura aumentem de tamanho. Você não está enganando a ninguém ficando com o tamanho de colarinho que lhe servia na faculdade. Tudo o que fazem hoje é sufocá-lo ao longo do dia. Se estiver sob pressão, você sente a necessidade de abrir o botão do colarinho que está muito apertado. Compre uma camisa nova ou deixe desabotoado o colarinho.

Resultado Quase todas as pessoas que passaram a usar roupas mais informais acham a mudança positiva. Existem bons argumentos físicos para evitar roupas apertadas, que restringem os movimentos. Encontrar um meio de utilizar roupas esporte com mais freqüência irá ajudar a segurar seus níveis de estresse.

Variações Nenhuma.

Controle físico	✪✪✪✪
Controle emocional/espiritual	✪✪✪
Defesa	✪
Divertimento	✪✪✪

5.69 | Deixe-se levar pelo fluxo

Preparação: Nenhuma.
Tempo de duração: Dez minutos.
Recursos: Nenhum.
Freqüência: Uma vez.

Este exercício é realmente apenas para aqueles que trabalham em uma estrutura organizacional. Passe cinco minutos anotando quais as comunicações que passam por você. Podem ser formais, entrevistas regulares, como uma cascata de informações gerenciais, ou podem ser simples conversas com um grupo sobre coisas que estão realizando.

Agora, procure os pontos de estresse na estrutura da comunicação. Deveria haver canais de informação em qualquer uma das direções que de fato não existem? Particularmente, procure canais no sentido vertical que estejam faltando. A equipe tem oportunidade de dar uma resposta como feedback para comunicações que vieram de cima para baixo, ou pedir maiores informações? Existe uma transparência total sobre aquilo que esteja acontecendo com a empresa?

Feedback Procurar problemas no fluxo de informação é muito valioso ao determinar onde o estresse pode estar sendo gerado. Todos nós tiramos proveito da comunicação. Se sentimos que não sabemos o que está acontecendo ou, ainda pior, se as coisas estão sendo deliberadamente escondidas de nós, sentimo-nos fora de controle e o estresse crescerá.

Resultado Embora o resultado fundamental deste exercício seja pensar sobre os outros, tudo que se aplica a eles também se aplica a você. Qualquer coisa que possa fazer para melhorar a comunicação deles provavelmente irá ajudá-lo com a sua comunicação e, por conseguinte, com o seu estresse.

Variações É um tanto audaciosa, mas esta técnica é melhor utilizada perguntando também às outras pessoas envolvidas o que sentem que esteja faltando. Mesmo que não consiga trazer as respostas você mesmo, vale a pena perguntar e ter certeza de que aquilo que esteja faltando seja conhecido. Como demonstra Ricardo Semler em *Maverick!* (*veja* o Capítulo 6 para detalhes), mesmo os trabalhadores de colarinho engomado podem demonstrar um interesse no desempenho da empresa, com uma ajuda apropriada. Não presuma que 'eles' não estarão interessados.

Controle físico	✪
Controle emocional/espiritual	✪
Defesa	✪✪✪✪
Divertimento	✪✪✪

5.70 Metade cheio ou metade vazio

Preparação: Nenhuma.
Tempo de duração: Uma semana.
Recursos: Nenhum.
Freqüência: Uma vez.

A percepção é surpreendentemente importante para o estresse. Nosso corpo pode ser facilmente enganado de acordo com nosso estado de espírito. Você pode gerar um estresse desnecessário – ou erradicá-lo – modificando seu estado de espírito.

A maioria de nós é pessimista durante parte do tempo; alguns fazem carreira nisso, sempre encontrando algo sobre o que reclamar.

Gaste alguns minutos pensando nas maneiras em que você é geralmente pessimista e otimista. Então, durante a próxima semana, esteja realmente consciente sobre o modo como você é. Coloque em vários lugares (ao lado de sua cama, no carro, em sua mesa de trabalho) um pequeno lembrete deste exercício – uma figura com um copo cheio até a metade. Sempre que você tiver a chance de fazer uma observação que pode se voltar para qualquer uma das direções, ou até mesmo ter um pensamento, force-o a ser otimista. Não olhe para um céu nublado à noite e diga "Parece que vai chover amanhã", diga "Irá melhorar durante a noite". Faça com que o copo esteja sempre metade cheio.

Feedback Existe um forte efeito Pigmaleão em ação neste caso. O quanto mais você forçar a si mesmo a agir de maneira otimista, mais irá efetivamente sentir-se positivo.

O quanto mais se sentir positivo, mais se sentirá sob controle e estará com menos estresse. Geralmente, a dificuldade está em manter essa postura – para isso servem os pequenos lembretes visuais. Depois de uma semana, você pode muito bem descobrir que está fluindo tão naturalmente, que você não precisa ser lembrado.

Resultado Ser otimista surge naturalmente para a maioria das crianças, mas (apesar do fato da maioria de nós ter vidas razoavelmente boas) isso vai se desgastando à medida que nos tornarmos adultos. Dê a seu otimismo natural uma trajetória de renascimento e ajude a liberar o estresse.

Variações Nenhuma.

Controle físico	✪
Controle emocional/espiritual	✪✪✪✪
Defesa	✪✪✪✪
Divertimento	✪✪✪

Mais Gerenciamento do Estresse

DESCOBRINDO MAIS

O gerenciamento do estresse é um tópico amplo, abrangendo a auto-ajuda, a saúde e os negócios. Este capítulo oferece algumas referências para outras leituras, algumas sugestões de música para aliviar o estresse, e algumas referências on-line para descobrir mais sobre o estresse.

LIVROS

GERAIS

David Ashton (1993), *The 12-Week Executive Health Plan*, Kogan Page.
A boa saúde é uma das pedras-angulares para sermos capazes de gerenciar o estresse. Este livro de fácil leitura, que consegue evitar a tendência do movimento em prol da saúde que lida com a onda do momento, é um bom guia para fazer com que algo prático seja feito em relação a melhorar a saúde.

Cary L. Cooper, Rachel Cooper e Lynn Eaker (1991), *Living with Stress*, Penguin.
Uma boa exploração do estresse, o que é e de onde vem. Embora não seja especificamente orientado para os negócios, passa bastante tempo tratando do estresse em locais de trabalho, incluindo algumas pesquisas com poucos dados, mas ainda assim úteis. Questionários do tipo "Faça você mesmo" sobre estresse para avaliar suas condições.

Lynn Fossum (1993), *Managing Anxiety*, Kogan Page.
Um guia rápido sobre a natureza da ansiedade e o modo como vencê-la. O livro de Fossum é pequeno e possui muitos exercícios práticos para reduzir este componente chave do estresse.

Brenda O'Hanlon (1998), *Stress, The Commonsense Approach*, Newleaf.
Um bom livro de bolso fornecendo uma visão geral sobre o estresse e a forma como lidar com ele. Fornece, sem dúvida, espaço bastante grande para tratamentos alternativos e terapias, sem dúvida, bem-equilibrados.

ESPECÍFICOS PARA OS NEGÓCIOS

Peter E. Makin e Patricia A. Lindley (1991), *Positive Stress Management*, Kogan Page.
Gerenciamento do tempo, boa comunicação, relaxamento e boa forma vêm juntos para formar as partes principais deste guia prático para ficar por cima nas pressões do trabalho. Também reflete sobre o modo como podemos nos manter sob controle e utilizar outras pessoas para gerenciar o estresse.

Lesley Towner (1998), *Managing Employee Stress*, Kogan Page.
Da série *Better Management Skills,* tem o objetivo de oferecer uma rodada de testes de auto-avaliação através do estresse no trabalho. Como sugere o título, concentra-se unicamente em empregados e adota uma abordagem do tipo "nós e eles" – mas isso efetivamente significa que oferece informações úteis sobre legislação etc.

Stephen Williams (1994), *Managing Pressure For Peak Performance*, Kogan Page.
O subtítulo, *The Positive Approach to Stress,* revela a direção que este interessante livro toma. Ao invés de considerar o estresse como um mal necessário, concentra-se em atingir um equilíbrio, reduzindo o estresse onde for apropriado, fazendo porém uso do estresse onde seja adequado, para ter êxito no trabalho.

O GERENCIAMENTO DO TEMPO

Brian Clegg (1998), *The Chameleon Manager*, Butterworth Heinemann.
Este livro adota o conceito de gerenciamento de tempo na esfera mais ampla de adquirir habilidade para prosperar no local de trabalho do novo milênio. Identifica o gerenciamento da criatividade, da comunicação e do conhecimento como os requisitos-chave para chegar ao sucesso e inclui uma tendência diferente sobre gerenciamento de tempo a partir dessa perspectiva.

Brian Clegg (1999), *Instant Time Management (Administração do Tempo)*, Kogan Page.
Volume componente da série *Instant* (Instantâneo), *Instant Time Management* fornece um grande número de técnicas para melhorar seu gerenciamento de tempo sem levar muito tempo para isso. O bom gerenciamento do tempo permite que você cumpra seus prazos e garante que seu programa de intenções seja cumprido – com um gerenciamento de tempo precário, não importa o quão boas sejam suas intenções, você pode não conseguir impulsionar-se.

Marion E. Hayes (1996), *Make Every Minute Count*, Kogan Page.
Na série super-rápida *Better Management Skills*, este é o único dentre os livros que foi escrito nos EUA – mas o assunto varia muito pouco entre países. Com ainda mais manuais e questionários do que o livro de Smith, este é um excelente modo de iniciar-se no assunto.

Ted Johns (1994), *Perfect Time Management*, Arrow.
Um prático livro de bolso fornecendo uma visão geral da prática de gerenciamento do tempo sob um ponto de vista bastante pragmático. Varia entre fundamentos e uma grande quantidade de detalhes (por exemplo, formas sugeridas para a agenda de uma reunião).

Lothar J. Seiwert (1998), *Managing Your Time*, Kogan Page.
Um livro com bastante apelo visual com muitos diagramas, esboços e desenhos – irá impressioná-lo (como o fez com mais de 300.000 leitores) ou deixá-lo desinteressado. Particularmente útil se você aprecia direcionamentos e informações específicas na forma de gostosos pedaços.

Jane Smith (1997), *How to be a Better Time Manager*, Kogan Page.
Um volume patrocinado pela Sociedade Industrial. O livro de Smith adota uma abordagem de fácil leitura e não-absurda sobre o gerenciamento do tempo. Uma considerável quantidade de manuais e poucos questionários para preencher ao longo do caminho, se você aprecia esse estilo.

TANGENCIAIS

Esses livros não tratam do gerenciamento do estresse por si mesmo, mas fornecem percepções que irão contribuir em grande parte para um programa global de gerenciamento do tempo.

Edward de Bono (1990), *Six Thinking Hats*, Penguin.
Conflitos e discussões raramente levam a um resultado construtivo e desenvolvem o estresse nas pessoas envolvidas. *Six Thinking Hats* é um mecanismo para estruturar reuniões e discussões de forma que exista uma sinergia ao invés de divergências. Este livro aborda a técnica, provavelmente o conceito mais conhecido de Bono depois do pensamento lateral, em grande profundidade.

Ricardo Semler (1994), *Maverick!*, Arrow.
Esta biografia sobre negócios é um dos melhores livros sobre negócios que já foi escrito. Descreve o modo como o autor pegou uma empresa de engenharia no Brasil e transformou-a em um espetacular exemplo de como os negócios devem ser empreendidos. A relevância para o

gerenciamento do estresse encontra-se no modo como muitos dos aspectos indutores de estresse no trabalho, que assumimos que não podem ser modificados, foram jogados fora. Nada de manuais de procedimentos ou planos de ação. Nada de jornadas de trabalho específicas (e isso inclui como teriam sido os trabalhadores da linha de produção antes de livrarem-se da linha de produção). Ninguém que tenha se sentido totalmente fora de controle em seu trabalho e, por conseguinte, tenha entrado em estresse. É extraordinário.

MÚSICA

Existe uma vasta gama de músicas que comprovadamente podem ser relaxantes e ajudar com o estresse. Você pode comprar músicas e fitas para reduzir o estresse, mas é melhor experimentar alguns diferentes estilos e ver qual deles melhor se adapta a você. Aqui estão algumas áreas para serem experimentadas.

MÚSICA SACRA PRÉ-CLÁSSICA

Algumas pessoas acham os ritmos calmos de cantos gregorianos particularmente relaxantes. Existem geralmente CDs de cantos gregorianos na seção de clássicos populares de lojas de discos. Como alternativa, tente uma das versões modificadas de cantos gregorianos como *Visions* na qual é dada à música antiga um tratamento simpático no estilo do século XX/XXI.

Se você aprecia um pouco mais de profundidade em sua música, mas ainda assim deseja o conteúdo espiritual, existem muitos CDs de música sacra do período Tudor e Elizabetano, um período no qual o suave entrelaçamento de diferentes linhas musicais era particularmente apreciado, produzindo uma vasta gama de opções aliviadoras do estresse. Principiantes devem experimentar um CD que apresenta

Allegri Miserere, uma das obras mais conhecidas deste estilo. Compositores a serem procurados incluem Byrd, Gibbons, Palestrina, Philips, Sheppard, Tallis, Taverner (não Tavener) e Tye.

CLÁSSICOS

Contanto que você se lembre que existem muitas músicas clássicas que não são adequadas para alívio do estresse (apenas imagine Marte da Suite dos Planetas da Abertura 1812), deve estar tudo bem. Procure obras calmas e que sirvam para meditação. Algumas obras a serem procuradas são: Beethoven, *Sinfonia Pastoral*; Delius, *Noite de verão*; Elgar, *Variações de Enigma*; Grieg, *Suite Holberg*; Pachebel, *Canon*; Vaughan Williams, *The Lark Ascending;* Vivaldi, *As Quatro Estações*; Warlock, *Suite Capriol*.

FOLK ETC.

Em um teste recente, foi descoberto que a música de John Denver encontrava-se entre as mais relaxantes que existem. Experimente qualquer um dos estilos populares suaves – contanto que não seja um ritmo acelerado e estridente, – ou por assim dizer, o final relaxado do jazz. A música folk costuma ser uma boa opção. Você pode achar que precisa fazer uma compilação entre vários CDs, uma vez que a maioria deles possui uma mistura de faixas com ritmo lento e acelerado.

MÚSICA MODERNA "SÉRIA"

A maioria da músicas modernas "sérias" que aparecem em estações de rádio de clássicos populares são repetitivas e lentas, como ondas de som passando pela praia. Tente quase qualquer música de Michael Nyman, por exemplo.

Você também encontrará algumas trilhas de séries de TV, geralmente disponíveis em CDs, altamente relaxantes. Provavelmente, a melhor delas série Barrington Phelong cuja música para o seriado de TV, Morse, caracteriza esta forma de relaxamento.

CDs DE RELAXAMENTO

Você pode agora encontrar uma vasta gama de CDs especificamente projetados para ajudá-lo a relaxar. São perfeitamente aceitáveis, se você não tiver tempo para identificar seu próprio gosto para músicas que irão aliviar o estresse; mas se tiver uma chance, tente alguns outros estilos, também.

ON-LINE

Referências sobre sites da Web logo tornam-se desatualizadas. Tente colocar o "gerenciamento do estresse" ou "alívio do estresse" em um dispositivo de busca (tal como **http://www.altavista.com**) ou de índice (tal como **http://www.yahoo.com**), mas esteja atento para o fato de que pode precisar filtrar algumas das repostas em relação a interpretações um tanto liberais sobre alívio do estresse. Aqui estão alguns sites em uso por ocasião desta edição.

- **http://www.capcenter.org/stress.html**
- **http://www.coolware.com/health/medical_reporter/stress.html**
- **http://www.isma.org.uk/**
- **http://www.mentalhealth.com/mag1/p51-str.html**
- **http://www.mindtools.com/smpage.html**
- **http://www.stresscure.com/**
- **http://www.stresstips.com/**

Apêndice

O Selecionador

O SELECIONADOR ALEATÓRIO

Pegue um relógio com ponteiro de segundos e anote o número do segundo que esteja marcando naquele momento. Adote a técnica do número dentre a lista dos 60 abaixo.

Nº	Ref.	Título
1	5.1	Pequenos sucessos
2	5.2	Lidando com o confronto
3	5.3	Não se isole
4	5.4	Guarde idéias
5	5.5	Resolvendo o estresse
6	5.6	Coisas do ambiente
7	5.9	Você é aquilo que você come
8	5.10	Intervalos
9	5.13	Ritual de relaxamento
10	5.14	Meu mentor
11	5.16	Empurrando ondas
12	5.17	Respirar é bom para você
13	5.18	Viagem com baixo estresse
14	5.19	É bom conversar
15	5.20	Tapinha nas costas
16	5.21	Não faça isso
17	5.22	Leituras medicinais
18	5.23	Mal-humorados
19	5.24	Atingindo o objetivo
20	5.25	Escute bem
21	5.26	O inferno do transporte
22	5.27	Brinque!
23	5.28	Relaxando através dos números
24	5.29	Eu concordo
25	5.30	Você não pode carregá-lo consigo
26	5.31	Vida no café-bar
27	5.33	O caminho espiritual
28	5.34	Rebatendo a burocracia
29	5.35	Porque eu mereço

Nº	Ref.	Título
30	5.36	Despache por e-mail
31	5.37	Caminhadas!
32	5.38	Compartilhando tarefas
33	5.39	Durma!
34	5.40	Eu fiz isso
35	5.43	A música acalma o peito selvagem
36	5.44	Refúgio para proteger-se
37	5.46	A vida, o universo e todas as coisas
38	5.47	Justiça
39	5.48	Libertação natural
40	5.49	Sobrecarga de informações
41	5.50	Honestidade
42	5.51	Valores diferentes
43	5.52	Estimulantes não prestam
44	5.53	A falta de notícias é boa notícia
45	5.54	O jogo da organização do tempo
46	5.55	Decepções
47	5.56	Gentilezas com efeito bumerangue
48	5.58	Meditação
49	5.59	Pareto
50	5.60	Fora, tirania!
51	5.61	Mimos
52	5.62	Lidando com mudanças
53	5.63	Exercícios integrais
54	5.64	Ficar sozinho
55	5.65	Tratando a questão dos medicamentos
56	5.66	Controle sobre o telefone
57	5.67	Deixe a luz do sol entrar
58	5.68	Vestuário descontraído
59	5.69	Deixe-se levar pelo fluxo
60	5.70	Metade cheio ou metade vazio

TÉCNICAS EM ORDEM DE QUANTIDADE DE TEMPO

Esta tabela classifica as técnicas em função do tempo sugerido. As que se encontram na parte superior levam o maior tempo, aquelas em direção à parte inferior são as mais rápidas.

Ref.   **Título**

Uma semana
5.60   Fora, tirania!
5.70   Metade cheio ou metade vazio

Metade de um dia
5.64   Ficar sozinho

30 minutos
5.6   Coisas do ambiente
5.48   Libertação natural
5.63   Exercícios integrais

15 minutos
5.5   Resolvendo o estresse
5.9   Você é aquilo que você come
5.12   Sentindo-cheirando
5.14   Meu mentor
5.15   Medo do palco
5.22   Leituras medicinais
5.31   Vida no café-Bar
5.33   O caminho espiritual
5.37   Caminhadas!
5.61   Mimos

10 minutos
5.2   Lidando com o confronto
5.3   Não se isole
5.26   O inferno do transporte

Ref.	Título
10 minutos	
5.27	Brinque!
5.30	Você não pode carregá-lo consigo
5.34	Rebatendo a burocracia
5.40	Eu fiz isso
5.44	Refúgio para proteger-se
5.46	A vida, o universo e todas as coisas
5.47	Justiça
5.49	Sobrecarga de informações
5.53	A falta de notícias é boa notícia
5.58	Meditação
5.62	Lidando com mudanças
5.65	Tratando a questão dos medicamentos
5.69	Deixe-se levar pelo fluxo
5 minutos	
5.7	Ria!
5.8	Descarregando
5.10	Intervalos
5.13	Ritual de relaxamento
5.16	Empurrando ondas
5.17	Respirar é bom para você
5.18	Viagem com baixo estresse
5.19	É bom conversar
5.21	Não faça isso
5.23	Mal-humorados
5.24	Atingindo o objetivo
5.25	Escute bem
5.28	Relaxando através dos números
5.29	Eu concordo
5.32	Fuja
5.35	Porque eu mereço
5.38	Compartilhando tarefas
5.39	Durma!
5.41	Disco arranhado
5.42	Discussão coerente

Ref.	Título

5 minutos

Ref.	Título
5.43	A música acalma o peito selvagem
5.45	A solução através de animais de estimação
5.51	Valores diferentes
5.52	Estimulantes não prestam
5.55	Decepções
5.59	Pareto
5.66	Controle sobre o telefone
5.67	Deixe a luz do sol entrar
5.68	Vestuário descontraído

2 minutos

Ref.	Título
5.1	Pequenos sucessos
5.4	Guarde idéias
5.11	Fúria
5.20	Tapinha nas costas
5.36	Despache por e-mail
5.50	Honestidade
5.54	O jogo da organização do tempo
5.56	Gentilezas com efeito bumerangue
5.57	Filhos

TÉCNICAS EM ORDEM DE FREQÜÊNCIA

Esta tabela classifica as técnicas pela ordem de freqüência. As que se encontram na parte superior são realizadas mais freqüentemente, aquelas na parte inferior são realizadas apenas uma vez.

Ref.   **Título**

Diariamente
Ref.	Título
5.8	Descarregando
5.22	Leituras medicinais

Semanalmente
Ref.	Título
5.26	O inferno do transporte

Regularmente
Ref.	Título
5.4	Guarde idéias
5.17	Respirar é bom para você
5.18	Viagem com baixo estresse
5.19	É bom conversar
5.20	Tapinha nas costas
5.24	Atingindo o objetivo
5.25	Escute bem
5.27	Brinque!
5.36	Despache por e-mail
5.37	Caminhadas!
5.42	Discussão coerente
5.43	A música acalma o peito selvagem
5.45	A solução através de animais de estimação
5.48	Libertação natural
5.54	O jogo da organização do tempo
5.55	Decepções
5.56	Gentilezas com efeito bumerangue
5.57	Filhos
5.58	Meditação
5.63	Exercícios integrais

Ref.   **Título**

Ocasionalmente
5.11   Fúria
5.12   Sentindo-cheirando
5.15   Medo do palco
5.16   Empurrando ondas
5.28   Relaxando através dos números
5.29   Eu concordo
5.31   Vida no café-bar
5.34   Rebatendo a burocracia
5.38   Compartilhando tarefas
5.46   A vida, o universo e todas as coisas
5.50   Honestidade
5.61   Mimos
5.62   Lidando com mudanças
5.64   Ficar sozinho

Várias vezes
5.1   Pequenos sucessos
5.21   Não faça isso

Uma vez
5.2   Lidando com o confronto
5.3   Não se isole
5.5   Resolvendo o estresse
5.6   Coisas do ambiente
5.7   Ria!
5.9   Você é aquilo que você come
5.10   Intervalos
5.13   Ritual de relaxamento
5.14   Meu mentor
5.23   Mal-humorados
5.30   Você não pode carregá-lo consigo
5.32   Fuja
5.33   O caminho espiritual
5.35   Porque eu mereço

Ref.	Título
Uma vez	
5.39	Durma!
5.40	Eu fiz isso
5.41	Disco arranhado
5.44	Refúgio para proteger-se
5.47	Justiça
5.49	Sobrecarga de informações
5.51	Valores diferenciados
5.52	Estimulantes não prestam
5.53	A falta de notícias é boa notícia
5.59	Pareto
5.60	Fora, tirania!
5.65	Tratando a questão dos medicamentos
5.66	Controle sobre o telefone
5.67	Deixe a luz do sol entrar
5.68	Vestuário descontraído
5.69	Deixe-se levar pelo fluxo
5.70	Metade cheio ou metade vazio

TÉCNICAS EM ORDEM DE CONTROLE FÍSICO

Esta tabela classifica as técnicas em termos da pontuação por número de estrelas atrelada a cada uma delas. As que se encontram na parte superior possuem a classificação mais alta em termos de número de estrelas, aquelas na parte inferior possuem a classificação mais baixa.

Ref.	Título
✦✦✦✦	
5.5	Resolvendo o estresse
5.6	Coisas do ambiente
5.8	Descarregando
5.9	Você é aquilo que você come
5.10	Intervalos
5.12	Sentindo-cheirando
5.16	Empurrando ondas
5.17	Respirar é bom para você
5.28	Relaxando através dos números
5.37	Caminhadas!
5.39	Durma!
5.48	Libertação natural
5.52	Estimulantes não prestam
5.63	Exercícios integrais
5.65	Tratando a questão dos medicamentos
5.67	Deixe a luz do sol entrar
5.68	Vestuário descontraído
✦✦✦	
5.7	Ria!
5.18	Viagem com baixo estresse
5.21	Não faça isso
5.45	A solução através de animais de estimação
5.56	Gentilezas com efeito bumerangue
5.58	Meditação
5.59	Pareto
5.61	Mimos

Ref.	Título
✪✪	
5.11	Fúria
5.13	Ritual de relaxamento
5.15	Medo do palco
5.19	É bom conversar
5.20	Tapinha nas costas
5.26	O inferno do transporte
5.27	Brinque!
5.30	Você não pode carregá-lo consigo
5.31	Vida no café-bar
5.32	Fuja
5.38	Compartilhando tarefas
5.44	Refúgio para proteger-se
5.47	Justiça
5.57	Filhos
5.62	Lidando com mudanças
5.64	Ficar sozinho
5.66	Controle sobre o telefone
✪	
5.1	Pequenos sucessos
5.2	Lidando com o confronto
5.3	Não se isole
5.4	Guarde idéias
5.14	Meu mentor
5.22	Leituras medicinais
5.23	Mal-humorados
5.24	Atingindo o objetivo
5.25	Escute bem
5.29	Eu concordo
5.33	O caminho espiritual
5.34	Rebatendo a burocracia
5.35	Porque eu mereço
5.36	Despache por e-mail
5.40	Eu fiz isso
5.41	Disco arranhado

Ref.	Título
✪	
5.42	Discussão coerente
5.43	A música acalma o peito selvagem
5.46	A vida, o universo e todas as coisas
5.49	Sobrecarga de informações
5.50	Honestidade
5.51	Valores diferentes
5.53	A falta de notícias é boa notícia
5.54	O jogo da organização do tempo
5.55	Decepções
5.60	Fora, tirania!
5.69	Deixe-se levar pelo fluxo
5.70	Metade cheio ou metade vazio

TÉCNICAS EM ORDEM DE CONTROLE EMOCIONAL/ESPIRITUAL

Esta tabela classifica as técnicas em termos da pontuação por número de estrelas atrelada a cada uma delas. As que se encontram na parte superior possuem a classificação mais alta em termos de número de estrelas, aquelas na parte inferior possuem a classificação mais baixa.

Ref.	Título
✪✪✪✪	
5.1	Pequenos sucessos
5.7	Ria!
5.11	Fúria
5.13	Ritual de relaxamento
5.14	Meu mentor
5.19	É bom conversar
5.20	Tapinha nas costas
5.22	Leituras medicinais
5.31	Vida no café-bar
5.32	Fuja
5.33	O caminho espiritual
5.35	Porque eu mereço
5.40	Eu fiz isso
5.43	A música acalma o peito selvagem
5.44	Refúgio para proteger-se
5.46	A vida, o universo e todas as coisas
5.51	Valores diferentes
5.57	Filhos
5.58	Meditação
5.61	Mimos
5.62	Lidando com mudanças
5.70	Metade cheio ou metade vazio
✪✪✪	
5.2	Lidando com o confronto
5.3	Não se isole

Ref.	Título
✪✪✪	
5.4	Guarde idéias
5.10	Intervalos
5.12	Sentindo-cheirando
5.15	Medo do palco
5.16	Empurrando ondas
5.18	Viagem com baixo estresse
5.21	Não faça isso
5.24	Atingindo o objetivo
5.25	Escute bem
5.26	O inferno do transporte
5.27	Brinque!
5.28	Relaxando através dos números
5.30	Você não pode carregá-lo consigo
5.37	Caminhadas!
5.38	Compartilhando tarefas
5.39	Durma!
5.42	Discussão coerente
5.45	A solução através de animais de estimação
5.47	Justiça
5.48	Libertação natural
5.53	A falta de notícias é boa notícia
5.54	O jogo da organização do tempo
5.55	Decepções
5.56	Gentilezas com efeito bumerangue
5.64	Ficar sozinho
5.67	Deixe a luz do sol entrar
5.68	Vestuário descontraído
✪✪	
5.5	Resolvendo o estresse
5.6	Coisas do ambiente
5.8	Descarregando
5.9	Você é aquilo que você come
5.17	Respirar é bom para você
5.23	Mal-humorados

Ref.	Título
✪✪	
5.29	Eu concordo
5.34	Rebatendo a burocracia
5.36	Despache por e-mail
5.41	Disco arranhado
5.49	Sobrecarga de informações
5.50	Honestidade
5.52	Estimulantes não prestam
5.60	Fora, tirania!
5.63	Exercícios integrais
5.66	Controle sobre o telefone
✪	
5.59	Pareto
5.65	Tratando a questão dos medicamentos
5.69	Deixe-se levar pelo fluxo

TÉCNICAS EM ORDEM DE DEFESA

Esta tabela classifica as técnicas em termos da pontuação por grupo de estrelas atrelada a cada técnica. Aquelas que se encontram na parte superior possuem a classificação mais alta em termos de número de estrelas, aquelas na parte inferior possuem a classificação mais baixa.

Ref.	Título
✪✪✪✪	
5.2	Lidando com o confronto
5.3	Não se isole
5.4	Guarde idéias
5.11	Fúria
5.23	Mal-humorados
5.24	Atingindo o objetivo
5.25	Escute bem
5.27	Brinque!
5.30	Você não pode carregá-lo consigo
5.32	Fuja
5.34	Rebatendo a burocracia
5.36	Despache por e-mail
5.41	Disco arranhado
5.42	Discussão coerente
5.46	A vida, o universo e todas as coisas
5.47	Justiça
5.49	Sobrecarga de informações
5.53	A falta de notícias é boa notícia
5.54	O jogo da organização do tempo
5.55	Decepções
5.56	Gentilezas com efeito bumerangue
5.60	Fora, tirania!
5.66	Controle sobre o telefone
5.69	Deixe-se levar pelo fluxo
5.70	Metade cheio ou metade vazio

Ref.	Título
✪✪✪	
5.10	Intervalos
5.15	Medo do palco
5.18	Viagem com baixo estresse
5.26	O inferno do transporte
5.29	Eu concordo
5.31	Vida no café-bar
5.33	O caminho espiritual
5.35	Porque eu mereço
5.37	Caminhadas!
5.38	Compartilhando tarefas
5.44	Refúgio para proteger-se
5.50	Honestidade
5.57	Filhos
5.59	Pareto
✪✪	
5.5	Resolvendo o estresse
5.6	Coisas do ambiente
5.7	Ria!
5.13	Ritual de relaxamento
5.14	Meu mentor
5.19	É bom conversar
5.20	Tapinha nas costas
5.22	Leituras medicinais
5.28	Relaxando através dos números
5.39	Durma!
5.51	Valores diferentes
5.61	Mimos
5.62	Lidando com mudanças
5.63	Exercícios integrais
5.67	Deixe a luz do sol entrar
✪	
5.1	Pequenos sucessos
5.8	Descarregando

Ref.	Título
✪	
5.9	Você é aquilo que você come
5.12	Sentindo-cheirando
5.16	Empurrando ondas
5.17	Respirar é bom para você
5.21	Não faça isso
5.40	Eu fiz isso
5.43	A música acalma o peito selvagem
5.45	A solução através de animais de estimação
5.48	Libertação natural
5.52	Estimulantes não prestam
5.58	Meditação
5.64	Ficar sozinho
5.65	Tratando a questão dos medicamentos
5.68	Vestuário descontraído

TÉCNICAS EM ORDEM DE DIVERTIMENTO

Esta tabela classifica as técnicas em função da pontuação por grupo de estrelas relativa a divertimento, atrelada a cada técnica. Aquelas que se encontram na parte superior possuem a classificação mais alta em termos de número de estrelas, aquelas na parte inferior possuem a classificação mais baixa.

Ref.	Título
✪✪✪✪	
5.7	Ria!
5.20	Tapinha nas costas
5.22	Leituras medicinais
5.27	Brinque!
5.31	Vida no café-bar
5.32	Fuja
5.43	A música acalma o peito selvagem
5.45	A solução através de animais de estimação
5.61	Mimos
✪✪✪	
5.1	Pequenos sucessos
5.6	Coisas do ambiente
5.12	Sentindo-cheirando
5.13	Ritual de relaxamento
5.14	Meu mentor
5.16	Empurrando ondas
5.19	É bom conversar
5.26	O inferno do transporte
5.28	Relaxando através dos números
5.34	Rebatendo a burocracia
5.35	Porque eu mereço
5.37	Caminhadas!
5.40	Eu fiz isso
5.44	Refúgio para proteger-se
5.48	Libertação natural

Ref.	Título
✪✪✪	
5.49	Sobrecarga de informações
5.53	A falta de notícias é boa notícia
5.56	Gentilezas com efeito bumerangue
5.58	Meditação
5.63	Exercícios integrais
5.64	Ficar sozinho
5.67	Deixe a luz do sol entrar
5.68	Vestuário descontraído
5.69	Deixe-se levar pelo fluxo
5.70	Metade cheio ou metade vazio
✪✪	
5.2	Lidando com o confronto
5.3	Não se isole
5.4	Guarde idéias
5.5	Resolvendo o estresse
5.8	Descarregando
5.9	Você é aquilo que você come
5.10	Intervalos
5.11	Fúria
5.15	Medo do palco
5.17	Respirar é bom para você
5.18	Viagem com baixo estresse
5.21	Não faça isso
5.23	Mal-humorados
5.24	Atingindo o objetivo
5.25	Escute bem
5.29	Eu concordo
5.30	Você não pode carregá-lo consigo
5.33	O caminho espiritual
5.36	Despache por e-mail
5.38	Compartilhando tarefas
5.39	Durma!
5.41	Disco arranhado
5.42	Discussão coerente

Ref.	Título
✷✷	
5.46	A vida, o universo e todas as coisas
5.50	Honestidade
5.51	Valores diferentes
5.52	Estimulantes não prestam
5.54	O jogo da organização do tempo
5.55	Decepções
5.57	Filhos
5.59	Pareto
5.62	Lidando com mudanças
5.66	Controle sobre o telefone
✷	
5.47	Justiça
5.60	Fora, tirania!
5.65	Tratando a questão dos medicamentos

Coleção *Instant*

A Qualitymark lança a coleção *Instant* para autotreinamento. A coleção foi idealizada para atender as necessidades e as características de cada leitor, por meio da apresentação de uma série de idéias de rápida leitura e implementação. Acompanhado de sugestões comprovadas e conselhos úteis, os livros também contêm exercícios que irão ajudar o leitor a desenvolver suas habilidades.

QUALITYMARK

Negociação
Autor: *Brian Clegg*
Páginas: 252
Formato: 16 x 23 cm

Como nos demais títulos da série, os capítulos introdutórios abordam aspectos teóricos sobre a negociação e o último capítulo apresenta 75 exercícios, com duração de 5 a 20 minutos, que podem ser usados para melhorar a capacidade negociadora.

Entre os temas abordados nos exercícios destacam-se: o espaço de realização do acordo; contemporização; pressão da concorrência; o poder do que está impresso; avaliação básica das opções; estabelecendo metas; conhecendo opositores; negociação criativa; vendendo seus pontos mais fortes; linguagem corporal; e concessões no preço.

Administração do Tempo
Autor: *Brian Clegg*
Páginas: 216
Formato: 16 x 23 cm

Coleção Instant

Nos três primeiros capítulos, o autor aborda conceitos teóricos sobre administração do tempo, autogestão e gerenciamento de influências externas, e no quarto, apresenta 72 exercícios, cada um deles abordando um aspecto da administração do tempo.

Cada um dos exercícios e técnicas contidos na obra foi idealizado para execução nos momentos vagos, sem comprometer a rotina ou as atividades cotidianas. Eles são apresentados num formato padrão, com indicações da preparação necessária, tempo para seu cumprimento, recursos a serem utilizados, escala de tempo para sua aplicação, além de sugestões de feedback, comentários sobre os resultados e possíveis variações da técnica.

**Entre em sintonia
com o mundo**

**QualityPhone:
0800-263311**
Ligação gratuita

Rua Teixeira Júnior, 441
São Cristóvão
20921-400 - Rio de Janeiro - RJ
Tel.: (0XX21) 3860-8422
Fax: (0XX21) 3860-8424

www.qualitymark.com.br
E-Mail: quality@qualitymark.com.br

DADOS TÉCNICOS	
Formato	16 X 23
Mancha	12 X 19
Corpo	11
Entrelinha	13
Fonte	Bookman Old Style
Total de páginas	232

Impressão e acabamento
EDIARTE LTDA.
Rua Alice Figueiredo, 46 – Riachuelo
20950-150 – Rio de Janeiro – RJ
Tel: (21) 2501-9535 / 2241-2466
Filmes fornecidos pelo Editor